Einfamilienhäuser

David Mackay

Einfamilienhäuser

Neueste Tendenzen
in einer Architektur des Übergangs

Verlag Gerd Hatje Stuttgart

Für die deutsche Ausgabe wurde der
Originaltext vom Verlag überarbeitet

Übersetzung ins Deutsche: Ingrid Müller

Printed in Spain
ISBN 3 7757 0193 1

Inhalt

Vorwort

Das vorliegende Buch stellt eine Ergänzung zum *Wohnungsbau im Wandel* dar, es handelt sich hier jedoch um eine Zusammenstellung von Einfamilienhäusern der siebziger Jahre, entworfen für die Mutigsten unter den Bauherren von einigen der führenden Architekten der Welt, die in der Lage waren, sich den Widersprüchen ihrer Zeit zu stellen und sich ihrer und unserer kulturellen Situation bewußt zu werden. Ohne ihre Risikobereitschaft und, was noch wichtiger ist, ohne ihre Mitarbeit wäre dieses Buch nicht zustande gekommen. Die wahren Autoren dieses Buches sind die Autoren der Häuser selbst. Aus diesem Grund folgt die Präsentation der Objekte der alphabetischen Reihenfolge der Architektennamen. Schwierigkeiten ergaben sich hierbei nur, wenn es sich um eine Arbeitsgemeinschaft von mehreren Architekten handelte. In diesem Fall habe ich es vorgezogen, den Namen des Büros zu nennen.
Eine Präsentation nach pädagogischen Gesichtspunkten hätte zu einer kritischen Auslese mit einer Einteilung der Häuser in typologische Gruppen geführt. Dies wäre jedoch keine adäquate Antwort auf die konkrete kulturelle Situation der achtziger Jahre gewesen. Die Architektur ist ein Teil unserer Kultur, und diese Kultur ist gespannt zwischen den Wertvorstellungen des einzelnen und denen der Gemeinschaft und in einen bestimmten historischen Kontext eingebunden.
Das vorliegende Buch handelt von einer Architektur, die Vertrauen in die Zukunft hat, die jedoch durch ihre Erfahrung mit ihrer eigenen Geschichte und ihrer eigenen Technologie und Soziologie zu einer eigenständigen Disziplin herangereift ist. Der Leser, Bauherr, Bewohner, Student und Architekt wird zu einer Reise ins Land der Entdeckungen und der Phantasie eingeladen.
So abenteuerlich diese kulturelle Rundschau auch sein mag: Wenn der Leser vor dem Problem steht, für sich selbst oder für einen Bauherrn ein Haus zu entwerfen, ist der wichtigste Gesichtspunkt die Auswahl eines Grundtyps, der den spezifischen Gegebenheiten entspricht. Im Rahmen der in diesem Buch abgebildeten Beispiele könnte man folgende typologische Gruppen zusammenfassen: Bofill und Johnson (Stammeslager), Gregotti und Ito (Innenhof), Krier und Siza (Außenhof), Gowan (zentrale Halle), Pietilä (Verbindung Arbeitsraum/Wohnung), Aulenti und M.B.M. (städtisches Modell), Eyguem (ökologisches Modell), Graves und Eisenman (romantischer Klassizismus, bei ersterem humanitär, bei letzterem antihumanitär) sowie Colquhoun and Miller und Solsona (ländliches Modell oder Wochenendhaus).
In einer Welt, die von Zerstörung bedroht ist – nicht durch die Natur selbst, sondern durch menschliche Irrtümer und menschliche Unwissenheit –, entspringt der kulturelle Anspruch, der sich beim Einfamilienhaus zeigt, keiner oberflächlichen Realitätsflucht; er ist vielmehr ein wichtiger Aspekt im Hinblick auf die Entstehung einer Gesellschaft, die auf Menschlichkeit und Erfahrung aufbaut.

Einführung

Schon die Art, in der diese in den siebziger Jahren erbauten vierunddreißig Häuser vorgestellt werden, gibt einen Hinweis auf die Maßstäbe, die bei ihrer Auswahl angelegt wurden. Architektur wird in ihrer Realisierung von so vielen Faktoren beeinflußt, daß jegliche Hervorhebung eine Rechtfertigung erfordert. Wir alle wissen, daß für die Errichtung eines Gebäudes, das Anspruch auf architektonische Geltung erhebt, verschiedene Faktoren maßgeblich sind – ein Bauherr, der auch noch über die nötigen Geldmittel verfügt, ein Gelände, das seinen Teil zur Formgebung des Gebäudes beiträgt, ein Raumprogramm, das ganz bestimmten menschlichen Aktivitäten gerecht wird, eine primitive oder fortgeschrittene Bauindustrie und nicht zuletzt ein Autor, meist der Architekt, der die jeweiligen praktischen und kulturellen Probleme in individueller Weise löst. Die Häuser könnten unter Berücksichtigung dieser und weiterer Faktoren, die für die Architektur relevant sind, vorgestellt werden. Dadurch würde jedoch eine so breite Basis entstehen, daß innerhalb der Grenzen einer Einleitung lediglich Verallgemeinerungen möglich wären. Angesichts der Tatsache, daß viele Möglichkeiten zur Wahl stehen, ziehen wir es im Rahmen dieser Einleitung vor, die Häuser unter einem historischen Aspekt zu betrachten. Nicht jedes dieser Häuser hat einen geschichtlichen Hintergrund, manche stellen sogar einen Bruch mit der Tradition dar, aber der historische Rückblick erweitert unser Verständnis für die unterschiedlichen Faktoren, die für den Entwurf von Gebäuden maßgeblich sind. Geschichte ist nicht nur eine Folge von Entwicklungen und Ereignissen, die sich gegenseitig bedingen, sondern ebenfalls ein Mentor, mit dessen Hilfe wir Ergebnisse vergleichen können. Im Gegensatz zu anderen Gebäudetypen verändert sich das Wohnhaus, das Heim, als Typ nicht. Es ist der schutzbietende Hafen, die Basis, von der aus die Welt erobert werden kann. Deshalb muß diese Basis solide, gesund und leicht erkennbar sein. Sicherlich gab es Neuerungen, wie das Kommen und Gehen der Dienstboten, den zunehmenden Narzißmus des gesellschaftlichen Lebens und den sozialen Druck, genügend Raum trotz geringerer zur Verfügung stehender Mittel zu schaffen, aber das Haus bleibt unwiderruflich das gleiche. Aus diesem Grund ist es eher die Ausnahme, einen Architekten zu finden, der sich auf dem Gebiet des Einfamilienhauses engagiert. Dieses Phänomen bringt uns zum Kernpunkt des Problems: Der Entwurf eines Hauses bringt weder ungewöhnliche programmatische Neuerungen noch besondere strukturelle Probleme mit sich. Es existieren, um Gregotti zu zitieren, sehr wenige Grundtypen, aus denen sich aber unzählige Variationen entwickeln. Diese »unzähligen Variationen« entstehen in der Hauptsache durch unterschiedliche soziale und kulturelle Hintergründe. Dies ist besonders wichtig in unserer heutigen Gesellschaft, da das Privathaus das kulturelle Barometer unserer Zeit und als solches ein geeignetes Instrument zur Bestimmung des gesellschaftlichen Standorts geworden ist. Öffentliche Gebäude stellen überwiegend eine Aussage über die Gesellschaft und deren Struktur dar, aber das Wohnhaus braucht ein kulturelles Image, das es nicht nur durch den Besitzer, sondern auch durch den Autor erhält. Die moderne Bewegung leitet ihre Existenzberechtigung vom Wohnhaus ab, dem Archetyp der modernen Architektur. Wesentlich ist hierbei die Verlagerung des Patronats auf diesem Gebiet vom privaten auf den öffentlichen Bereich, ohne den die moderne Architektur sehr wenig Bedeutung hat. Aber wir müssen bedenken, daß der Wohnungsbau im Endeffekt eine Zusammenstellung von privaten Heimen darstellt, falls er nicht das Ergebnis einer bürokratischen Übung werden soll. Ein Architekt kann daher seine Fähigkeiten zur ästhetischen Gestaltung der Wohnumgebung am besten im direkten Umgang mit den Bauherren und deren spezifischen Problemen unter Beweis stellen, die dann meist doch nicht so schwer zu lösen sind. Dies wiederum läßt sich in einem gewissen Umfang auf die größeren Probleme des kollektiven Wohnens beim Wohnungsbau oder bei der Stadtplanung übertragen.

Durch die Wirtschaftskrise in den siebziger Jahren, die auf den Boom der sechziger Jahre folgte, und durch die Identitätskrise in der Architektur, die selbst die Kritiker der modernen Bewegung versöhnlicher stimmte, sagt das Einfamilienhaus heute mehr über die kulturelle Entwicklung aus als irgendein anderer Gebäudetyp. Es scheint, als ob sich die kriegsmüden Architekten für einen kurzen Zeitraum aus der Schlacht zurückgezogen haben, um ihre geistigen Kräfte zu erneuern und mehr über das Element der Kunst in der Architektur als über soziale Programme, Technologien oder andere Begleitumstände nachzudenken, die alle ihr Recht forderten. Die Arbeit dieser Architekten – und die vierunddreißig Architekten beziehungsweise Architektengruppen sind nur eine kleine Auswahl davon – wird zu einem faszinierenden, reichen Fundus, von dem eine neue Gesellschaft, die mehr an Aufbau als an Zerstörung denkt, nur profitieren kann. Um eine Beurteilung der auf-

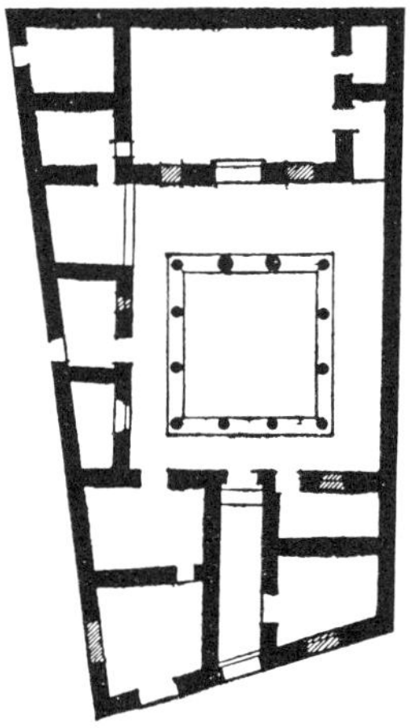
1

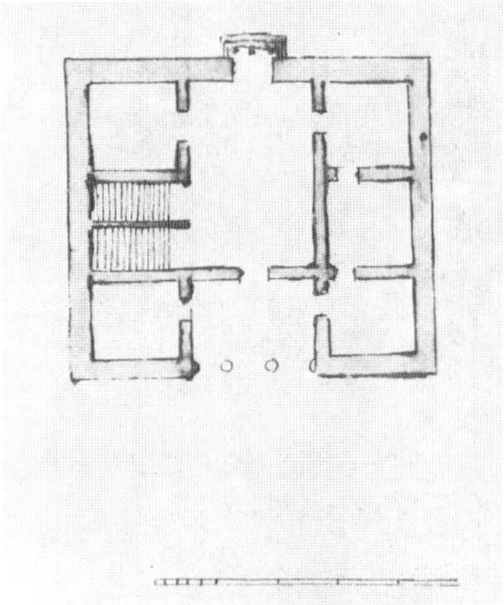
2

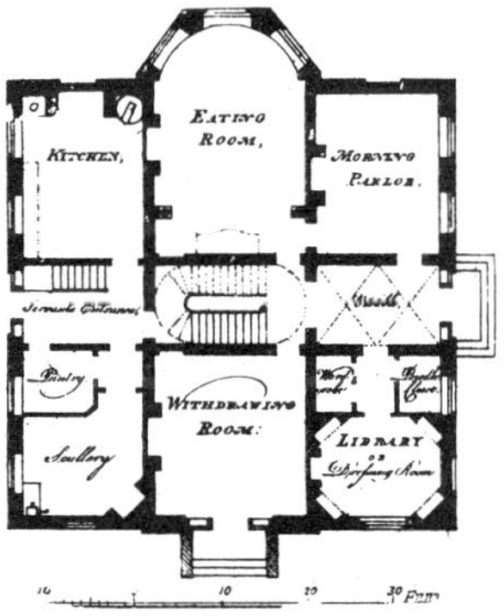

3

1. Grundmodell: Grundriß eines griechischen Hofhauses auf Delos.
2. Grundmodell: Basilikagrundriß. Villa Contugi, Frascati, Italien.
3. Grundmodell: Variation eines von Palladio beeinflußten Basilikagrundrisses. Kleines Landhaus des 18. Jahrhunderts in England.

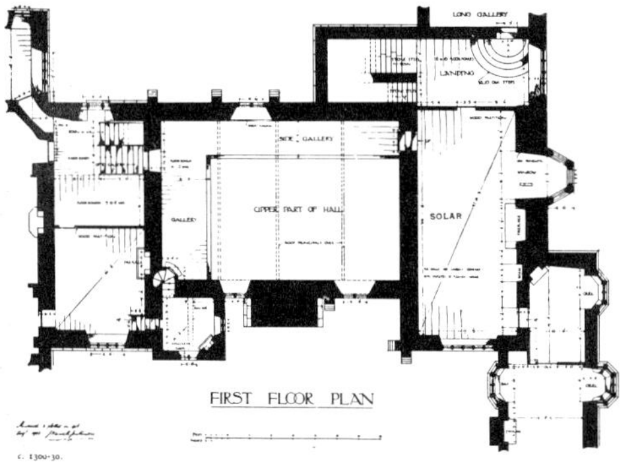

4

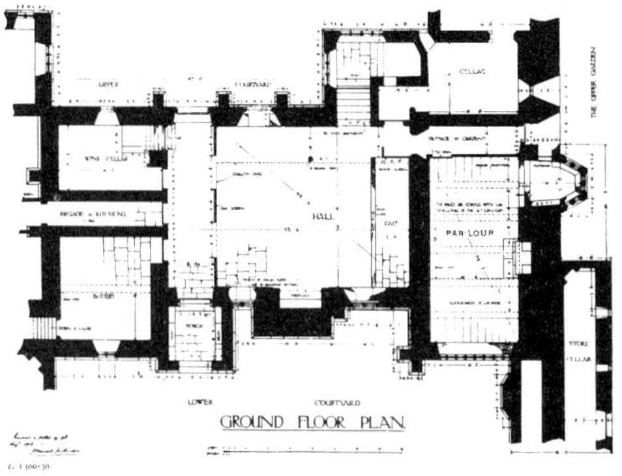

5

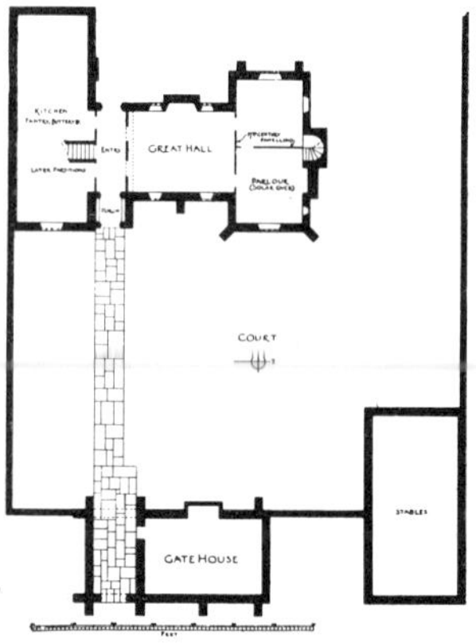

6

4, 5. Grundmodell: Halle. Haddon Hall, England, 14. Jahrhundert.
6. Grundmodell: Halle. Cothay Manor, England, 15. Jahrhundert.

tretenden kulturellen Fragen zu ermöglichen, kann jedes dieser Gebäude mit einem gleichen oder ähnlichen historischen Modell verglichen werden, aber besser noch mit solchen Gebäuden, die vor den siebziger Jahren gebaut wurden und mit denen sich diese Architekten auseinandergesetzt haben.

Obwohl wir wissen, daß die moderne Architektur nicht mit Philip Webbs Red House (1859) begonnen hat, ist dies der beste Ausgangspunkt für uns, da hier auch William Morris und eine Mischung aus Arts and Crafts und Sozialismus ins Spiel kommen, die die Phantasie und die Zielvorstellungen späterer Vertreter der Moderne in der Architektur angeregt haben.

Das Red House, das aus roten Ziegeln und rotem Backstein ohne jede Verzierung mit Ausnahme der roten Spitzbögen über den Schiebefenstern besteht, entspricht dem zurückhaltenden Stil der Pfarrhäuser von Butterfield und Street. Durch den Wegfall von Eckquadern entstand jedoch eine Schlichtheit, auf der Morris bestanden haben muß. Der L-förmige Grundriß mit einem Zugangskorridor zu den Räumen, die um die Treppe gruppiert sind, wurde der Prototyp der Arts-and-Crafts-Raumfolge, die mit der traditionellen Erschließung von Raum zu Raum brach. Morris bestand darauf, daß der Hauptraum nach Norden ausgerichtet wurde, da das Haus während eines heißen Sommers gebaut wurde und er die Absicht hatte, den Raum mit Fresken und anderen Ausschmückungen zu versehen, die er vor der Sonne schützen wollte. Dadurch kann der nach Süden gehende Gartenhof mit dem berühmten konisch überdachten Brunnen nur vom Korridor und von den Treppen aus eingesehen werden. Webb gab später zu, daß er in dieser Frage Morris gegenüber zu konziliant gewesen war, und bezeichnete das Haus als einen schlechten Entwurf. Nach Auffassung von Hermann Muthesius ist das Red House von größter Bedeutung für die Kunstgeschichte. Muthesius betrachtete es als das erste Privathaus der neuen künstlerischen Kultur, das erste Haus, das als ein innen und außen vereinigendes Ganzes entworfen und gebaut wurde, das allererste Beispiel in der Geschichte des modernen Hauses.

Muthesius veröffentlichte 1904/05 in Berlin sein Buch *Das englische Haus* und schuf damit eine Verbindung zwischen den Arts and Crafts und der Moderne in Mitteleuropa. Wenn er auch zu Recht England und Schottland als die Hauptgebiete der Free Architecture ansah, können deren Ursprünge jedoch nicht ausschließlich in der englischen Szene angesiedelt werden. Die massive Auswirkung des Naturalismus und der romantischen Hochschätzung des Mittelalters sowie die Einfachheit der japanischen Drucke, die erstmals in Europa gezeigt wurden, nachdem der Amerikaner James Biddle die hermetische Abschirmung Japans im Jahr 1846 durchbrochen hatte, setzten die Suche nach einem neuen Stil, der einem neuen Zeitalter entsprach, in vielen Kulturen in Gang. Zum Schluß sollten noch die oft übersehenen, Seehandel betreibenden Katalanen der westlichen Mittelmeerküste erwähnt werden, die auf der Suche nach Selbstidentifikation die aktuellen kulturellen Modetrends übernahmen. Das Haus Vicens (1883–85) von Antoni Gaudí ist ein sehr gutes Beispiel dieser frühen Übergangszeit. Dieses für einen Ziegelfabrikanten erbaute dreigeschossige Haus, das an einer Seite an die geschlossene Wand eines ehemaligen Klosters angebaut ist, spiegelt in der Gestaltung sowohl den Einfluß der Arts and Crafts als auch die abstrakten Muster japanischer Dekorationsmotive wider. Der Grundriß basiert auf der traditionellen basilikalen Organisation der regionalen Bauernhäuser, besteht jedoch aus nur zwei Schiffen statt der sonst üblichen drei. Die Gartenfassade zeigt dagegen ein Hauptschiff und zwei Seitenschiffe, wobei die Seitenschiffe nach innen geneigte Dächer haben, die der Straßenfassade einen unüblichen horizontalen Abschluß geben. Die Außenwände aus roh belassenem Naturstein mit Galerien aus Kragziegeln sind mit Bändern grüner und gelber Keramikplatten mit Pflanzenmustern verziert, die an den Ecken, Kaminen und Fensterstürzen von glatten, grün-weißen vertikalen Säulen im Schachbrettmuster durchbrochen werden. Diese Säulen werden zum oberen Rand des Hauses hin stärker betont und bilden zunächst eine Galerie und weiter oben eine durchbrochene Fläche, die den dahinterliegenden Dachraum belüftet – eine traditionelle Methode, ein Haus im Mittelmeerklima kühl zu halten. Wie Morris griff auch Gaudí bei seiner Kunst auf die örtliche Tradition zurück, allerdings zwanzig Jahre später, so daß er unter den Einfluß der Pflanzendekors der Arts and Crafts und der zu dieser Zeit aktuellen östlichen Tendenzen geriet. Dieser östliche Einfluß zeigt sich bei der Decke des Rauchzimmer die stark an De Quinceys *Bekenntnisse eines englischen Opiumessers* erinnert. Die zwei Hauptmerkmale des Hauses Vicens sind die Einführung des Außenraumes in Form einer Galerie, die durch horizontal verstellbare Markisen im japanischen Muster geschlossen wird, und der doppelten Fassade im zweiten Geschoß, wo die von Fensteröffnungen durchbrochene Wand in zweiter Ebene hinter der Säulengalerie liegt. Mit der Wand in zwei-

7

8

9

10

7. Wohnhausarchitektur, welche vermutlich die Free English Architecture inspiriert hat. Ockwells Manor, England, 15. Jahrhundert.
8, 9. Philip Webb, Red House für William Morris, Bexley Heath, London, 1895.
10. Charles Robert Ashbee, Little Coppice, Iver Heath, England, 1905.

11

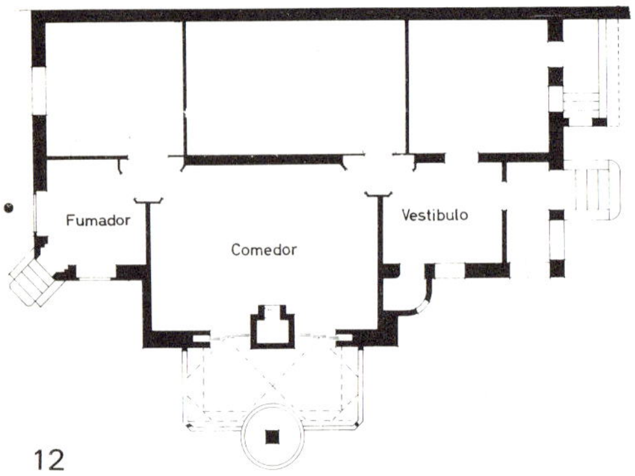

12

13

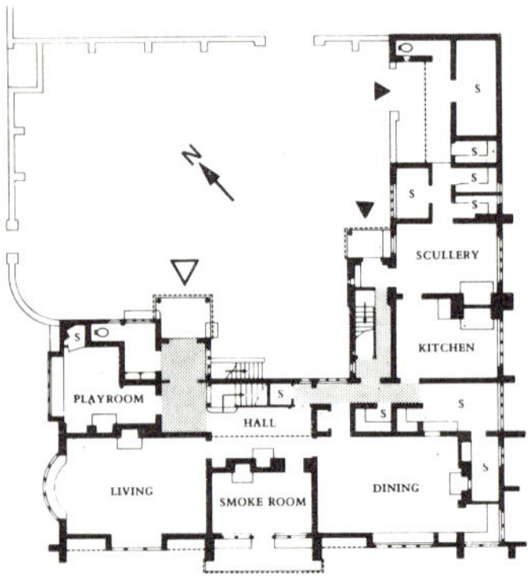

14

11, 12. Antoni Gaudí, Haus Vicens, Barcelona, 1883–85.
13, 14. Charles Francis Annesley Voysey, Perrycroft, Colwall bei Malvern, England, 1893/94.

ter Ebene entsprach Gaudí den Anforderungen der Fassadengliederung und der Innenfunktion, indem er einen Raum zur Regelung des Mikroklimas innerhalb der Außenhülle schuf. Diese Bereicherung des architektonischen Vokabulars sollte später eine führende Rolle bei den Gebäuden der Moderne und der Art Nouveau spielen. Die Einbeziehung von Pflanzenkübeln und eines Springbrunnens bei der Außengestaltung des Hauses stellte ebenfalls eine Neuerung dar, die später häufig von Frank Lloyd Wright verwendet wurde. Gaudí betonte damit die neue, engere Verbindung zwischen häuslichem Leben und Garten, zu der Nash und Repton zu Beginn des 19. Jahrhunderts und Rousseau im 18. Jahrhundert den Anstoß gegeben hatten.

In den Vereinigten Staaten fielen die Arts and Crafts auf besonders fruchtbaren Boden. Die ländliche Moral beherrschte die fortschrittlich Denkenden in den Vorstädten. Unter ihnen befand sich die Frau eines Chicagoer Industriellen, Mrs. Glessner, die eine fähige Arts-and-Crafts-Entwerferin war und sogar über eine umfangreiche Sammlung von Morris-Entwürfen verfügte. Es ist daher nicht erstaunlich, daß sie ihren Mann überzeugen konnte, Henry Hobson Richardson in Boston im Jahr 1885 zu bitten, ein Haus für sie zu entwerfen. Richardson hatte 1882 England besucht und war stark von der dortigen Wohnhausarchitektur beeinflußt, obwohl er bereits seinen eigenen kraftvollen, fast rauhen Stil bei öffentlichen Gebäuden verwirklicht hatte. In dem L-förmigen Haus Glessner löste er das Problem, das durch Webbs Red House aufgeworfen worden war, indem er alle Haupträume in Richtung Süden zum Gartenhof hin orientierte. Dadurch war die Familie vor Einblicken und Geräuschen von der Straßenecke her geschützt, die sich durch die städtische Umgebung ergaben. Kleine Fenster und ein Durchgang tragen mit zu diesem Schutz bei. An der äußeren Ecke des Hauses befindet sich der Gesellschaftsraum und die Halle mit der großen Treppe, die mit häufigen Unterbrechungen zur oberen Galerie führt. In westlicher Richtung schließen sich an die Halle das Wohnzimmer, das Eßzimmer und die Küche an und im Süden das Elternschlafzimmer mit dem darüberliegenden Kinderzimmer und dem darunterliegenden Schulraum. Entsprechend der amerikanischen Tradition sind alle Räume direkt miteinander verbunden. Der Gang und die zwei Treppen sind für die Dienstboten und den Zugang zum privaten Bereich der Familie vorgesehen. Der schlichte Baukörper, die charaktervollen Details, die Fensterbänder des Studios, die Qualität der Ausführung und der rationale Grundriß machen dieses Haus, mehr

als das Red House von Webb, zu einem der ersten wahren Pionierhäuser der Moderne in der Architektur. Der ausgereifte, freie Entwurf ist über alle stilistischen Fragen erhaben.
Charles Francis Annesley Voysey wurde einer der bekanntesten Vertreter der Free English Architecture. Seine Arbeiten wurden von 1893 an in der Zeitschrift *The Studio* veröffentlicht. Van de Velde schrieb im selben Jahr ebenfalls über ihn, außerdem wurden seine Arbeiten in Berlin und New York veröffentlicht. Muthesius meinte, daß seine Häuser immer etwas Ursprüngliches aufwiesen. Dies zog – wie Voysey selbst berichtet – viele seiner frühen Auftraggeber an, die den Quäkern angehörten. Seine Häuser werden durch Rauhputz an den Wänden, sich verjüngende Eckstützen, breite Dachüberstände und niedrige Räume bestimmt. Die Grundrisse sind wirtschaftlich kompakt, Verkehrsflächen auf ein Minimum reduziert. Beim Haus Perrycroft in Colwall in der Nähe von Malvern (1893/94) zeigt sich zum ersten Mal sein ausgereifter Stil und nahezu sein gesamtes persönliches Vokabular: horizontale Fensterstreifen, abgeschrägte Ecken, niedrige Dächer und wuchtige Kamine. Es wurde viel publiziert, auch in Deutschland und Amerika. Peter Davey erwähnt in seinem Buch *Arts and Crafts Architecture,* daß Voysey seine Gebäude niemals symmetrisch anordnete, da »er ein begeisterter Anhänger Ruskinscher Variabilität war und die gotische Architektur schätzte, weil sich ›das äußere Erscheinungsbild aus den fundamentalen inneren Bedingungen entwickelt; Treppen und Fenster treten da auf, wo sie am meisten gebraucht werden. Alle Wandöffnungen haben die zu den entsprechenden Bereichen passenden Proportionen‹. Die Horizontalität der meisten seiner Arbeiten entsprang seinem Glauben an die symbolische Bedeutung von langen, niedrigen, geraden Linien: ›Wenn der Sonnenuntergang den Horizont beherrscht, wenn wir müde sind und uns niederlegen, wenn die Dunkelheit alle Unterschiede und Einzelheiten mit dem Schleier der Harmonie bedeckt, schließen wir ebenfalls unsere Augen, um auszuruhen. Um den Effekt der Muße in unseren Häusern zu erreichen, ist es daher notwendig, Steifheit und Komplexität in Farbe, Form oder Struktur zu vermeiden und die wesentlichen Linien eher horizontal als vertikal auszurichten.‹«
Die Architektur von Frank Lloyd Wright und anderen, wie zum Beispiel Walter Burley Griffin, Drummond, Purcell und Elmslie, Bentley und Hausler, gründete sich ebenfalls auf die horizontale Linie. Dies geschah ohne Zweifel aus den gleichen Gründen wie bei Voysey, aber zudem noch wegen des eindrucksvollen

15

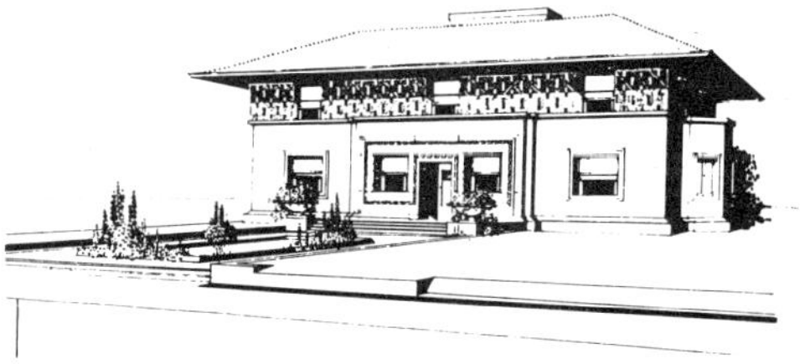
16

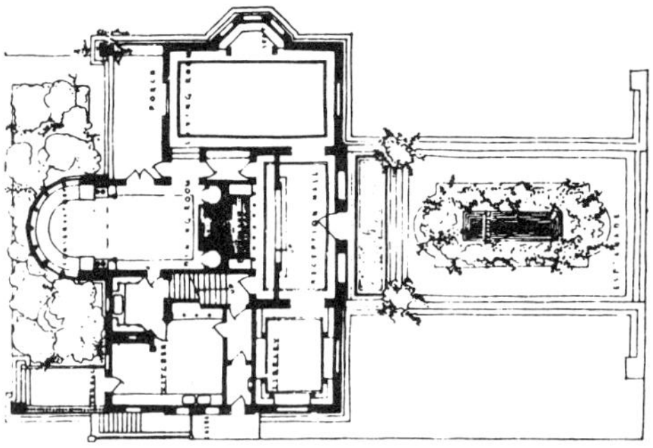
17

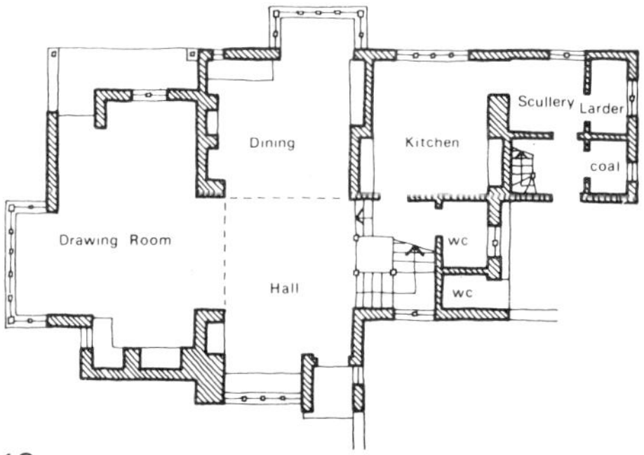

18

15. Charles Francis Annesley Voysey, The Pasture, North Luffenham, England, 1901.
16, 17. Frank Lloyd Wright, Haus Winslow, River Forest, Illinois, 1893.
18. M. H. Baillie Scott, Red House, Douglas, Isle of Man, 1892/93.

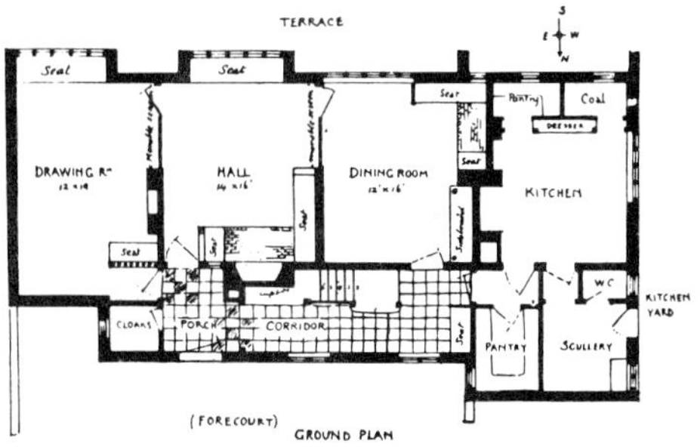

19

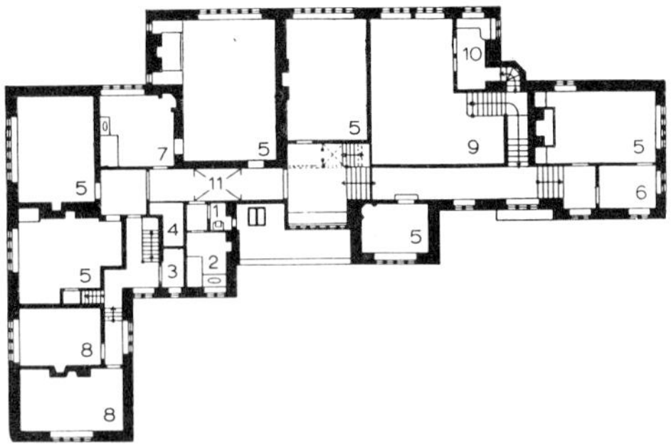
20

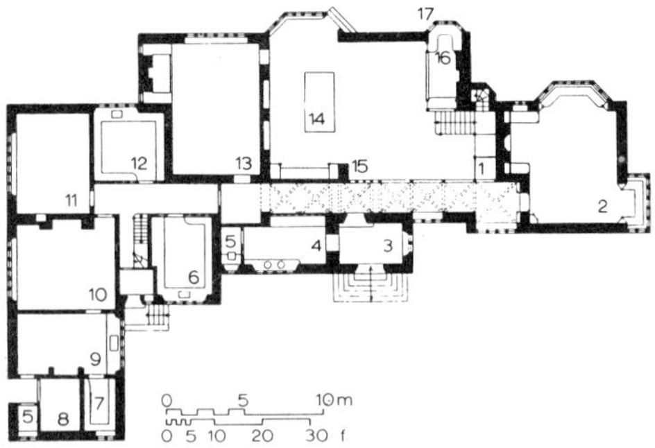
21

19. M. H. Baillie Scott, Ideal House, 1894.
20, 21. M. H. Baillie Scott, Blackwell, Lake Windermere, England, 1898.

natürlichen geographischen Phänomens der endlosen flachen Prärie im Süden von Chicago, die Wright veranlaßte, Horizontalität als etwas typisch Amerikanisches zu sehen. Grundriß und Masse des Hauses Winslow in River Forest, Chicago (1893) sind einfach und kompakt. Die Räume entwickeln sich symmetrisch entlang der Achse Eingang – Kamin – Eßzimmer. Durch Schiebetüren können Eingangshalle, Bibliothek und Wohnzimmer für gesellschaftliche Anlässe zusammengelegt werden. Der Eindruck der Horizontalität entsteht durch die um das ganze Haus führende Gesimskante des oberen Stockwerks mit viereckigen Fenstern zwischen dieser und den breiten, heruntergezogenen Dachüberständen; das Hauptaugenmerk liegt so auf dem Sockel, der durch das Erdgeschoß gebildet wird. Das Dach scheint über diesen Sockel zu fließen. Beachtung verdient der traditionelle amerikanische Grundriß mit dem Kamin und dem Treppenhaus im Zentrum, bei dem jeder Raum mit dem anderen verbunden ist, wobei der englische Arts-and-Crafts-Korridor entfällt. Dieser Grundriß war ein natürlicher Vorläufer des offenen Grundrisses, der bald darauf folgte.
M. H. Baillie Scott scheint diesen offenen Grundriß bei seinem eigenen Haus auf der Isle of Man, dem Red House (1892/93), aufgegriffen und ihn etwas vorsichtiger auch bei seinem 1894 in der Zeitschrift *The Studio* veröffentlichten »Ideal House« verwendet zu haben, wo er einen Durchgang mit faltbaren Trennwänden kombinierte. Seine hervorragende Innenraumgestaltung, wie zum Beispiel beim Empfangsraum in Blackwell (1898), brachte ihm auch Aufträge aus Deutschland ein. Das Haus Blackwell wurde von Muthesius als eine der reizvollsten Schöpfungen angesehen, die die neue Bewegung auf dem Gebiet der Wohnhausarchitektur hervorgebracht habe. Einer der kraftvollsten Entwerfer der Free English Architecture war Edward Prior, der den sogenannten »Butterfly-Grundriß« mit seinem Entwurf des Hauses »Barn« in Exmouth (1896) einführte. Prior, zusammen mit Lethaby Begründer der Art Workers' Guild und Schüler von Shaw, war wahrscheinlich der hervorragendste Vertreter der Arts-and-Crafts-Bewegung. Die »Barn« hat den langgezogenen, schmalen Arts-and-Crafts-Grundriß, aufgeteilt auf zwei einander im rechten Winkel zugeordnete Flügel, die auf der einen Seite einen Eingangshof bilden und auf der anderen Seite den Blick über die Gärten und das Meer freigeben und gleichzeitig während des ganzen Tages Besonnung gewährleisten. Diese Vorteile in Verbindung mit den extrem wirtschaftlichen Verkehrsflächen verhalfen

diesem Haustyp zu großem Erfolg. Selbst Muthesius kopierte es in seinem Haus Freudenberg in Berlin-Nikolassee (1907/08).
Henry van de Velde, der unter dem unmittelbaren Einfluß der Free English Architecture stand, trug dazu bei, Baillie Scott und Voysey im übrigen Europa bekannt zu machen. Als er im Jahr 1894 heiratete, baute er für sich selbst seine eigene Version des Red House. Er schickte seine zukünftige Frau nach England, um mit William Morris, dem großen Mann, persönlich zu sprechen. So entstand seine Villa Bloemenwerf in Uccle (1894/95) mit einer zweigeschossigen Halle à la Baillie Scott sowie dem kompakten Grundriß und den Giebeln à la Voysey.
In der Zwischenzeit hatte Voysey sein eigenes Haus The Orchard in Chorley Wood (1900) gebaut. Auf der Suche nach einem kompakten Baukörper verband er den englischen mittelalterlichen Hallengrundriß mit der dreiachsigen Basilikastruktur. Er führte Klarglasfenster mit Metallrahmen ein, die dem Inneren, das zusätzlich durch starke Farben belebt wird, ein »modernes Aussehen« verleihen.
Muthesius beschränkte seine Begeisterung auf die Glasgower Gruppe The Four. Gemeinsam mit Voysey hielt er sie für die zukunftsträchtigste Gruppe unter den britischen Architekten. Nachdem jedoch ihre Anwesenheit bei der Arts-and-Crafts-Ausstellung von 1896 durch die Londoner Bewegung belächelt worden war, boykottierten die englischen Architekten und Kritiker, mit Ausnahme von Gleeson White, Herausgeber der Zeitschrift *The Studio,* ihre Arbeit. Die Gruppe fand selbst in ihrer Heimatstadt wenig Anerkennung, und erst auf der Ausstellung der Wiener Secession wurden ihre Qualitäten entdeckt. Die Arbeiten von Charles Rennie Mackintosh, Herbert McNair sowie Margaret und Frances Macdonald, die später die beiden Männer heirateten, wurden im Jahr 1897 in der Zeitschrift *The Studio* und im nächsten Jahr in der Zeitschrift *Dekorative Kunst* veröffentlicht. The Four stellten im Jahr 1900 im Ausstellungsgebäude der Wiener Secession und später in München, Dresden und Budapest aus. Im Jahr 1901 wurde Mackintosh eingeladen, an einem Wettbewerb für das »Haus eines Kunstfreundes« teilzunehmen, den Baillie Scott gewann. Mackintosh erregte jedoch mit seinem schlichten, rationalen Entwurf das größte Interesse. Alle Haupträume konnten zu einem Ganzen kombiniert werden, während gleichzeitig ein reicher, natürlicher Lichteinfall und eine räumliche Folge zwischen den einzelnen Zimmern gewährleistet blieb. Dieser Entwurf hatte vermutlich mehr Einfluß auf die europäischen Architekten als seine tatsächlich gebauten

22

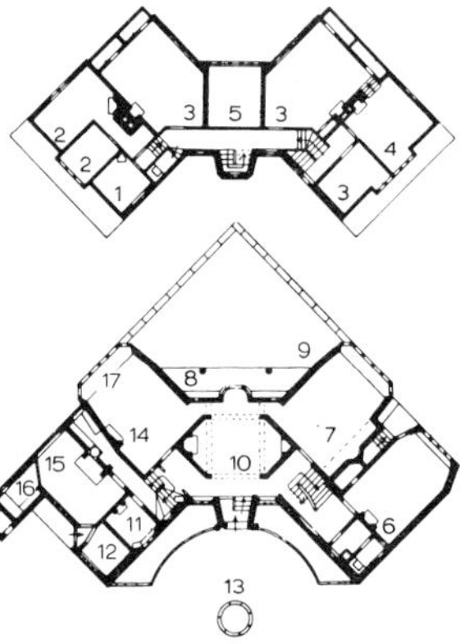

23

24

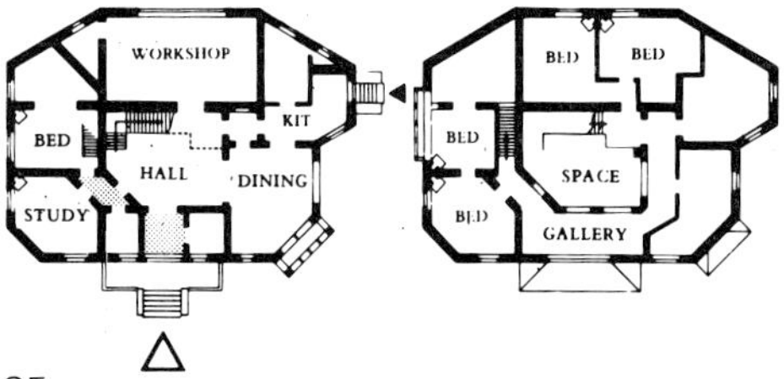

25

22, 23. Edward S. Prior, The Barn, Exmouth, England, 1896.
24, 25. Henry van de Velde, Villa Bloemenwerf, Uccle, Belgien, 1894/95.

26
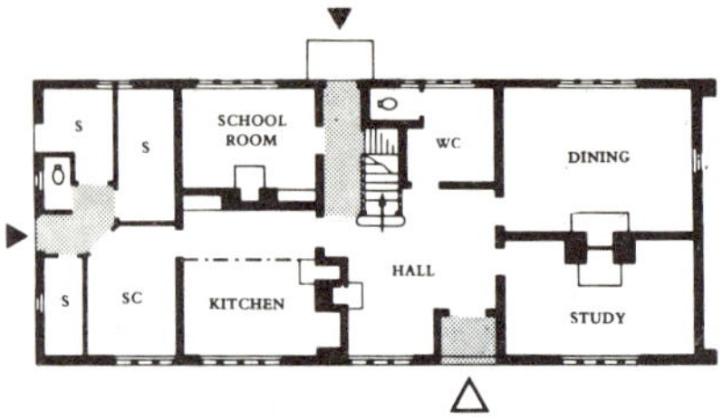

27

28

29
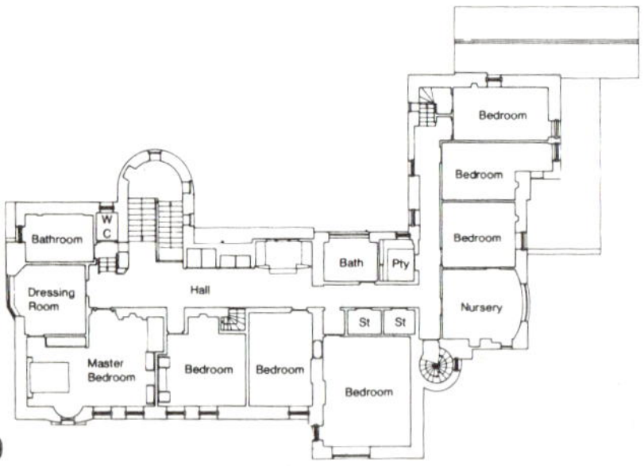

30
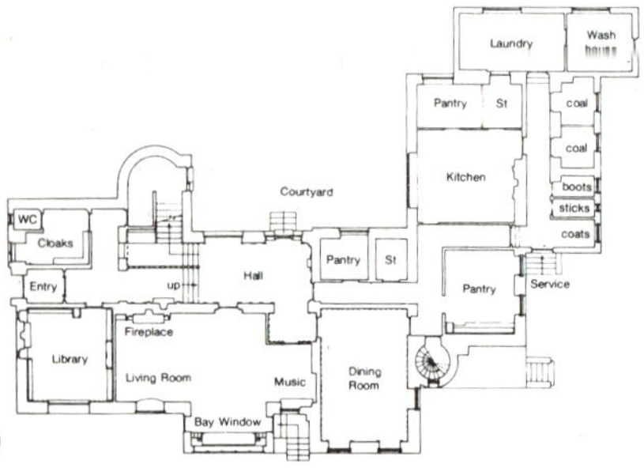

26, 27. Charles Francis Annesley Voysey, The Orchard, Chorley Wood, England, 1900.
28. Charles Rennie Mackintosh, Haus eines Kunstfreundes, 1901.
29, 30. Charles Rennie Mackintosh, Hill House, Helensburg, Glasgow, 1901.

Häuser. Das Hill House (1901) ist das beste von allen. Unverkennbar modern und bar jeglichen historischen stilistischen Ornaments, folgte es jedoch mit den großen, einfachen Volumen, den Giebelkaminen und den kleinen Fenstern der schottischen Tradition. So wurde Mackintosh ein Pionier, was die Verbindung von lokalen Elementen mit dem Vokabular der Moderne betrifft. Im Inneren ist jeder Raum seiner eigenen Bestimmung gemäß gestaltet: Die Eingangshalle ist in verschiedene Ebenen gestuft; das Wohnzimmer hat eine Kaminekke, einen die Mündung des Clyde überblickenden Vorbau und eine Nische für das Klavier; in der Bibliothek herrscht eine ruhigere Atmosphäre; das Hauptschlafzimmer im oberen Stockwerk ist L-förmig mit einem gewölbten Alkoven für das Bett, so daß der restliche Raum als Ankleide- und Waschbereich freibleibt. Mackintoshs Fähigkeit, diese individuell entworfenen Räume zu einem architektonischen Ganzen zusammenzufügen, ist bewundernswert. Das geht natürlich bis zu einem gewissen Grad zu Lasten der regelmäßigen Gliederung der Fassade. Thomas Howarth bestätigt dies in seinem Buch über Mackintosh und zitiert den Architekten, der erklärte, daß »seiner Meinung nach die wichtigsten Attribute jeder Behausung das Gefühl von Geborgenheit, Wärme und Sicherheit sind. Das Haus ist in erster Linie ein Zufluchtsort und Refugium in der Landschaft, aber nicht Teil derselben. Außerdem unterscheidet sich das gesamte Konzept des Hauses als umschlossener Raum stark von dem eines Gartens als natürlicher, freier, praktisch grenzenloser Raum. Jeder hat unterschiedliche Merkmale, die vom Architekten anerkannt und respektiert werden müssen«. Für Mackintosh war das Innere des Hauses wesentlich; zu diesem, und nicht zum Äußeren, gehörten für ihn auch die Fenster. Es besteht kein Zweifel daran, daß Mackintosh auf der Ausstellung im Gebäude der Wiener Secession den Anstoß zu weiteren Fortschritten gab, was sich sowohl im Werk von Josef Hoffmann als auch von Joseph Maria Olbrich zeigt, die beide im Jahr 1901 Wohnhäuser gebaut haben, der eine in Wien und der andere in Darmstadt.

Bei Olbrichs Haus in der Künstlerkolonie auf der Darmstädter Mathildenhöhe macht sich der starke Einfluß der englischen Wohnhausarchitektur bemerkbar (Olbrich besuchte im Jahr 1895 England, nachdem er 1893 den Rompreis gewonnen hatte). Das Haus hat ein asymmetrisches, abgewalmtes Mansarddach, unter dem schmale Balkons die verstreut angeordneten Fenster verbinden. Diese horizontale Gliederung findet am Sockel eine Entsprechung durch ein Schachbrettmuster mit blauen und weißen Feldern, das von der Fensterbank bis zur Höhe des Fenstersturzes um das ganze Haus läuft. Die Fenster selbst haben in der oberen Hälfte quadratische Scheiben, und bei der verglasten Holztüre wird das Motiv des Quadrats, ganz wie bei Mackintosh, wiederholt. Mit der zweigeschossigen Wohnhalle setzt sich der englische Einfluß auch im Inneren fort. Übrigens strahlt das Haus von Peter Behrens (1901) auf der gegenüberliegenden Straßenseite mit seinen Säulen, Gesimsen und Spitzbogengiebeln eine ungewohntere graphische Wirkung aus. Es vermittelt den seltsamen Eindruck eines traditionellen Hauses, das irgendwie »verjazzt« wurde.

Josef Hoffmanns Haus Henneberg in Wien (1901) zeigt mit seiner Vielzahl an Fensterformen, den quadratischen Scheiben und dem Balkoneinschnitt im Hauptgeschoß an einer sonst schlichten Fassade einen noch direkteren Einfluß von Mackintosh. Wir stehen hier vor dem Phänomen, daß das Image des Werks eines Architekten so prägend wirken kann, daß es für andere Architekten schwierig wird, sich diesem Einfluß zu entziehen. Auf Mackintosh traf dies offenkundig zu. Das wird beim Palais Stoclet in Brüssel (1905) noch deutlicher.

Es dauerte viel länger, bis Edwin Lutyens' Werk Anerkennung fand, und vielleicht ist im Landsitz The Deanery (1899–1902) das, was Lutyens zu sagen hatte, in gültigster Weise vereint. Das Haus ist nur Teil des Gesamtentwurfs, der den Garten miteinbezieht und durch das Spiel axialer Kompositionen die Verbindung zwischen Garten und Haus herstellt. Das Gebäude wird vom Dach beherrscht; die wichtigsten Elemente der Fassadengestaltung sind die in Gruppen zusammengefaßten Fenster, von denen sich die oberen dicht unter dem Dachüberstand befinden, und schließlich die überdimensionierten Kamine. Lutyens' Arbeiten haben etwas Malerisches, das dennoch verhalten wirkt und der Inbegriff englischer Architektur zu sein scheint. Es ist nicht erstaunlich, daß Muthesius von der englischen Architektur begeistert war und sich dasselbe Maß an Einfühlungsvermögen für die deutsche Architektur wünschte.

Wäre Muthesius nach seinem Aufenthalt in London nach Helsinki gegangen, hätte er die Verschmelzung eines Stils oder Modetrends mit dem Nationalgefühl erlebt. Das von Herman Gesellius, Armas Lindgren und Eliel Saarinen 1902 in Hvitträsk gebaute Atelierhaus folgt der Tradition der Arts and Crafts vom kleinsten Detail bis hin zum Gesamtkonzept, das die Schaffung einer wirklichen Künstlerkolonie vorsah, wobei jedoch den Details eine

31

32

33

31. Joseph Maria Olbrich, eigenes Haus auf der Mathildenhöhe, Darmstadt, 1901.
32. Josef Hoffmann, Palais Stoclet, Brüssel, 1905.
33. Edwin Lutyens, The Deanery, Sonning, England, 1899–1902.

41

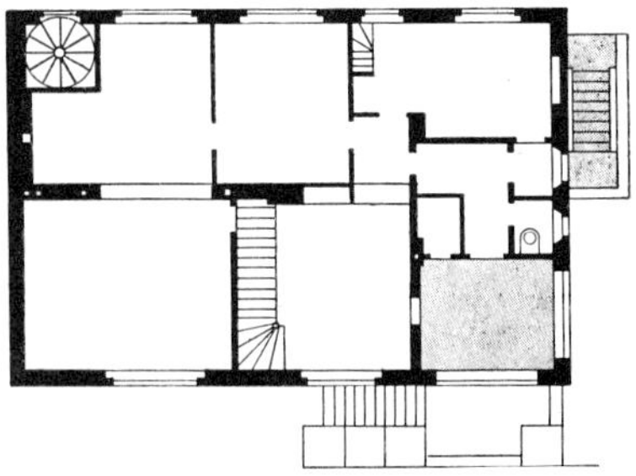

42

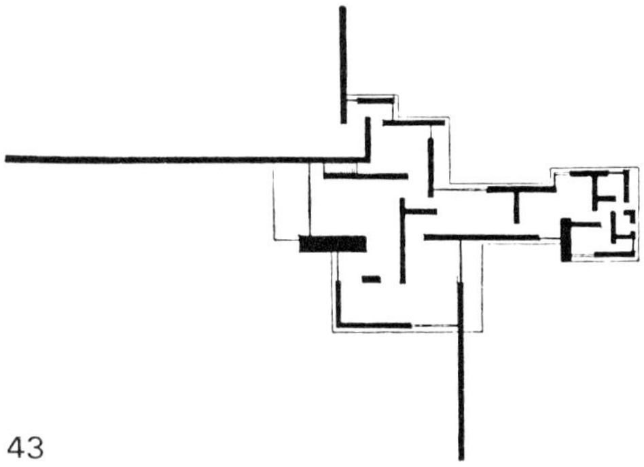

43

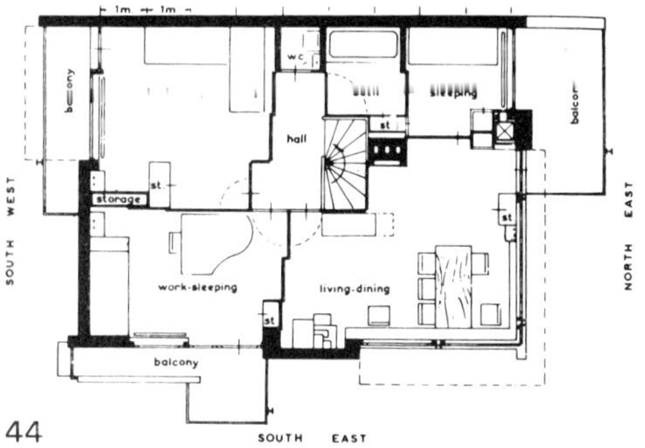

44

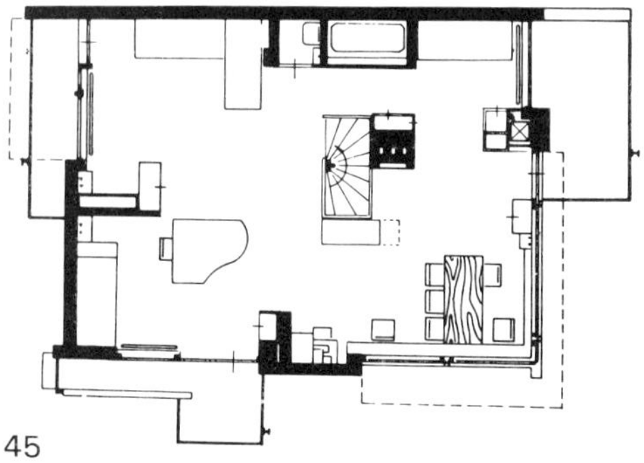

45

und das Wohnzimmer mit dem fortlaufenden Band der Fenster, die wie Farbdrucke wirken, ist überaus harmonisch proportioniert. Die Fensterbrüstungen reichen bis zur Straße hinunter und enden über dem darunterliegenden Spielzimmer für die Kinder. Die Dachauskragung ist kühner denn je und betont den Hauptflügel des Hauses. Das Obergeschoß schneidet direkt beim Kamin im rechten Winkel in diesen Hauptflügel, der durch einen schmaleren, parallel laufenden Flügel ergänzt wird, in dem die Serviceräume untergebracht sind. Dieser ist mit der schwerfälligen Fassadengestaltung über der Garage und einer ungeschickt gelösten Verbindung zwischen den beiden Dachüberständen über dem Hof des Servicebereichs vom Entwurf her nachlässiger behandelt. Durch die überragende Sorgfalt, die auf alle Einzelheiten des Entwurfs einschließlich der Lichtführung in den beiden Haupträumen verwandt worden ist, gebührt dem Haus Robie jedoch sein Platz in der Geschichte.

In Europa war es Adolf Loos überlassen, die Initiative zu ergreifen. Mit den Häusern Steiner (1910) und Scheu (1912) wandte sich Adolf Loos von der Dekoration der Außenseiten ab und baute mehr auf das einfache Spiel mit klaren kubischen Formen und Proportionen. Dennoch hielten sich seine Häuser im Rahmen der Tradition. Bei der Innengestaltung des Hauses Scheu orientierte sich Loos stark an den dekorativen Gebrauchsgegenständen der Arts and Crafts, wobei jedoch die Einführung von versetzten Geschoßebenen zur Wahrnehmung unterschiedlicher Aktivitäten innerhalb eines Wohnhauses ein Ergebnis seiner Amerikareise war. Dieses Konzept bezeichnete er später als »Raumplan«.

Nach dem Ersten Weltkrieg wandte man sich wieder einer intellektuelleren Interpretation der Tradition zu, die uns eine interessantere Entwicklung aufzeigt. Ein Beispiel hierfür ist Gunnar Asplunds Villa Snellman in Djursholm (1917/18), in der die Räume sowohl direkt als auch über einen Korridor verbunden sind, der sich vom Servicebereich zum Treppenhaus hin verbreitert und so die soziale Hierarchie berücksichtigt. Die Halle öffnet sich nach Norden und nach Süden, wodurch eine Dualität an der Eingangsfassade im Süden entsteht, welche jedoch durch die solide Gestaltung der Eingangstür kompensiert wird – ein Zeichen, das von allen verstanden wird. Die Fenster an der Nordfassade sind zwischen Erdgeschoß und Obergeschoß stufenweise versetzt. Der einzig ersichtliche Grund hierfür war der Wunsch, die symmetrische Anordnung des Obergeschosses im Verhältnis zur Gestaltung des Erdgeschosses zu korrigieren, ohne eine völlige Angleichung herzustellen, die einen zu unregelmäßigen Versatz bedingt hätte. Auch an der Südfassade wurden subtile Unterschiede gemacht. Wir haben dieses Haus etwas ausführlicher beschrieben, weil sich hier zeigt, wie der Architekt mit sicherem Instinkt ein an sich schlichtes, traditionelles Gebäude in ein Kunstwerk verwandeln kann.

Obwohl Le Corbusier den Kreuzzug um eine revolutionäre Architektur anführte – überwiegend durch Veröffentlichungen, Gespräche und Ausstellungen, da es seinem frühen Werk an struktureller und räumlicher Klarheit mangelt (wenn auch seine Bauten mit den Fensterbändern und den doppelten Deckenhöhen anregend und erfrischend wirken) –, dürfte Ludwig Mies van der Rohes Projekt eines Backsteinhauses (1923) von größerem Interesse sein. Hier umschließt die Wand den Raum nicht mehr vollständig, sondern ist gleichwertig mit dem Hohlraum. Fenster und Türen sind verbannt; an deren Stelle tritt ein Labyrinth von parallel angeordneten Körpern und Hohlräumen, die rechtwinklig in die Umgebung ausgreifen – eine De-Stijl-Variante von Frank Lloyd Wright. Aber die eigentlichen De-Stijl-Prinzipien finden wir erstmals beim Haus Schröder (1924) von Gerrit Rietveld. Dieses Haus ist vornehmlich als ein Experiment mit dem Raum, nicht mit der Masse zu sehen, wobei die Grenzen zwischen innen und außen Teil dieses Spiels sind. Wir verwenden das Wort Spiel, weil bei den intellektuellen Experimenten mit den gegeneinander versetzten Ebenen der Sinn für Humor, der schließlich menschlich ist, nicht verlorengegangen ist. Obwohl es sich bei dem Gebäude nur um ein Einfamilienhaus handelt, das zufällig Gegenstand dieses formalen Experiments geworden ist, ist das Ergebnis erfreulich und anregend. Das Erdgeschoß ist in herkömmlicher Weise angelegt, das Obergeschoß besteht jedoch nur aus einem einzigen Raum mit faltbaren Trennwänden, die am zentralen Treppenhaus zusammentreffen und beliebige Raumunterteilungen zulassen. Durch die Verwendung von Farbe wird das Raumkonzept betont. Die Fassaden sind weiß oder in Grautönen gehalten, und die Fenster- und Türrahmen in Rot, Blau und Gelb, während die Türfüllungen selbst schwarz sind. Hier ist ein entwicklungsfähiger Raum entstanden, der sich den wechselnden Bedürfnissen der Bewohner anpaßt, wobei es sich jedoch weniger um eine technische Neuerung als um die intellektuelle und künstlerische Verwirklichung einer speziellen Kunsttheorie handelt.

Das Haus Lovell (1927–29) von Richard Neutra, das deutlich moderner ist und von erstaunlicher Sicherheit zeugt, liegt am Ende eines

46

47

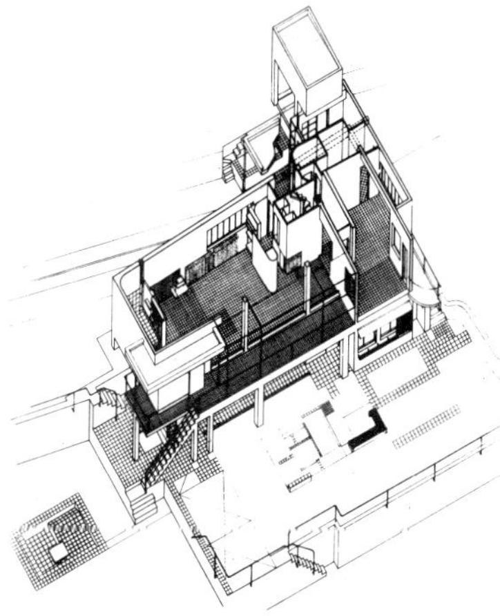

48

41, 42. Adolf Loos, Haus Scheu, Wien, 1912.

43. Ludwig Mies van der Rohe, Projekt eines Backsteinhauses, 1923.

44, 45. Gerrit Rietveld, Haus Schröder, Utrecht, 1924.

46. Richard Neutra, Haus Lovell, Los Angeles, 1927–29.

47, 48. Eileen Gray und Jean Badovici, Haus in Roquebrune, Frankreich, 1927–29.

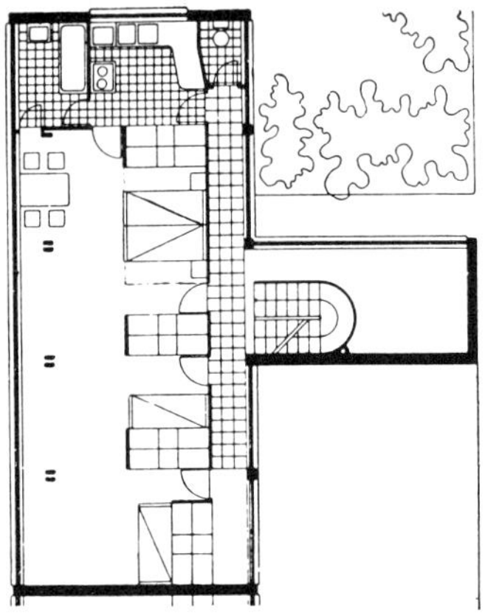

49

50

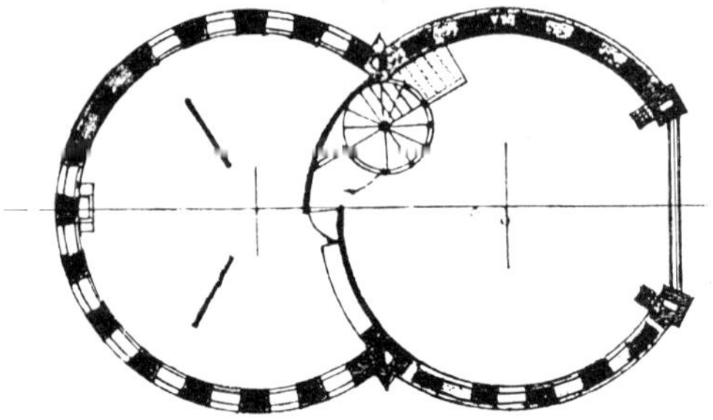

51

52

kleinen bewaldeten Tals in Los Angeles mit Blick auf das schwere, monumentale Haus Ennis (1924) von Frank Lloyd Wright. Der Unterschied zu diesem könnte gar nicht größer sein. Es erscheint schwerelos, klar, rein und weiß – der offene Grundriß ist nicht durch konstruktive Elemente und Wände eingeengt. Nachdem Neutra Schindlers Auftraggeber Dr. Lovell, einen progressiven Naturwissenschaftler und Arzt, abgeworben hatte, bekam Neutra immer mehr Aufträge, nicht so der bedauernswerte Schindler. Neutra, der es nie verstanden hatte, seinen Häusern Originalität zu verleihen, bediente sich einer hybriden Mischung der offenen Grundrisse von Wright und Mies, die er in einem eindeutigen Internationalen Stil ausführte, wobei er seine wohlkonstruierten Maschinen in Kontrast zu ihrer natürlichen Umgebung setzte. Er war ein guter Profi, und seine Häuser sind überzeugende Beispiele der modernen Architektur.
Während Neutras Bauten verhältnismäßig trocken sind, erscheint das Sommerhaus von Eileen Gray und Jean Badovici in Roquebrune (1927–29) vielleicht etwas zu überschäumend. Die Architektin kombinierte den offenen Grundriß mit einem privaten Raum für sich selbst und Ecken für Mitbewohner und ging verschwenderisch mit Möbeln im Industriedesign und anderen Elementen um, die den Wohnkomfort erhöhten und für eine anregende und malerische Raumgestaltung sorgten. Die Flexibilität des Hauptraums läßt an Rietveld denken, ist jedoch weniger gewollt und mehr das Ergebnis der Möblierung als der Architektur. Obwohl die Architektur des Hauses hauptsächlich im sorgfältigen Innenraumdesign zu sehen ist, ist das Haus mit den zwei übereinanderliegenden, parallel zur Küste verlaufenden Terrassen einer Gesamtordnung unterworfen, aus der nur die in den Hang hinter dem Haus gebaute Küche ausbricht. Der Grundriß ist individueller und revolutionärer als der von Rietveld, da er nicht von einem moralisch-ästhetischen Anspruch bestimmt wird, und seine Zwanglosigkeit entwaffnend.
Aus der erstarrenden revolutionären Szene Moskaus kam unerwartet eine noch radikalere Geste des Freiheitswillens. Zu einem Zeitpunkt, als die Bedeutung der Einzelfamilie als sozialer Faktor politisch in Frage gestellt wurde, baute Konstantin Melnikow für sich selbst ein Haus von absoluter Einmaligkeit, bei dem »die Intimität des Themas großartige Perspektiven eröffnete«. Das Haus an der Moskauer Kriwoarbatsky-Gasse (1927) besteht aus zwei sich überschneidenden Zylindern mit stufenweise versetzten Geschoßebenen. Mit der riesigen Glasfläche der glatten Frontfassade stellt es eine Verherrlichung des Lichts dar. In

die übrigen Wände sind mehr als sechzig kleine Fenster eingeschnitten, so daß die Rückseite des Zylinders wie ein gewaltiges Sieb wirkt, das den Eintritt von frischer Luft in die Schlafräume ermöglicht. Hier manifestierte sich der Aspekt der Frische und Gesundheit in der modernen Architektur.
Le Corbusier zwang bei dem von ihm auf dem Weißenhof erbauten Zweifamilienhaus eine an sich eingeschossige Raumkonzeption in einen dreigeschossigen Stahlskelettbau, um die neuen Ziele, Unabhängigkeit vom Terrain, von der Konstruktion und von der Fassade, hervorzuheben. Das Hauptgeschoß, ein einziger Raum mit den Naßräumen an einer Schmalseite, gliedert sich in drei Bereiche, einen schmalen Gang, den Schlafbereich mit Betten und Schrankraum und einen Wohnraum. Abgesehen von wenigen Ausnahmen, waren die übrigen Häuser, wie Muthesius beklagte, durchaus traditionell, obwohl sie weiß waren, Flachdächer und Fensterbänder mit Metallrahmen hatten.
Ein moralischer Anspruch stand auch hinter der Weißenhofausstellung, die vom Deutschen Werkbund auf die Initiative von Gustav Stotz 1927 in Stuttgart organisiert worden war und die unter der künstlerischen Leitung von Mies van der Rohe stand. Eingeladen waren sowohl ausländische als auch deutsche Architekten. Erstaunlicherweise gleichen sich alle Gebäude in hohem Maß, als habe es keine unterschiedlichen Voraussetzungen gegeben. Dies hat Muthesius zu der Kritik veranlaßt, daß man die Gebäude einem neuen Formalismus unterworfen habe, anstatt rationale, wirtschaftliche und konstruktive Überlegungen walten zu lassen. Wie es hieß, war es das Ziel der Weißenhofausstellung, mit den neuesten technischen, hygienischen und ästhetischen Entwicklungen auf dem Gebiet der Wohnhausarchitektur bekannt zu machen. Unbestritten ist, daß die Moderne nach der Weißenhofausstellung Anerkennung fand und nicht länger auf einen kleinen Kreis beschränkt blieb. Das Flachdach sowie die Materialien Stahl und Glas wurden Bestandteil des formalen Vokabulars des Wohnungsbaus. Nach Stuttgart leisteten Ernst May in Frankfurt und Martin Wagner in Berlin als Städtebauer Pionierarbeit auf diesem Gebiet.
Kurz darauf, das heißt, auch kurz nach der klassischen »Tour de force« der Villa Stein in Garches (1927), entwarf Le Corbusier die Villa Savoye in Poissy (1929–31). Hier zwang er wieder ein einfaches Programm in ein dreigeschossiges Gebäude, diesmal allerdings in sinnvollerer Weise, weil großzügigere Mittel zur Verfügung standen. Da das fast quadrati-

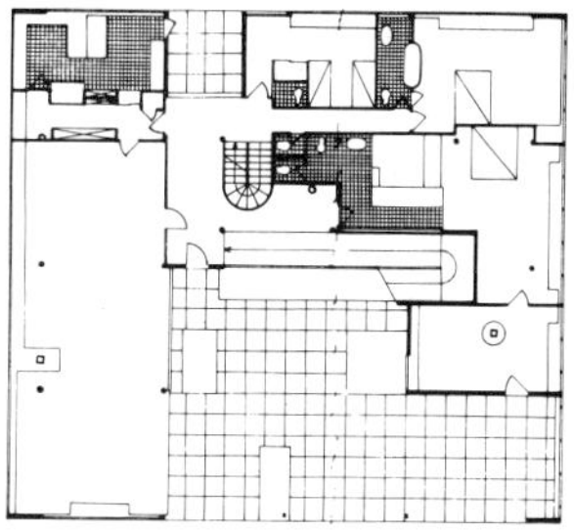
53

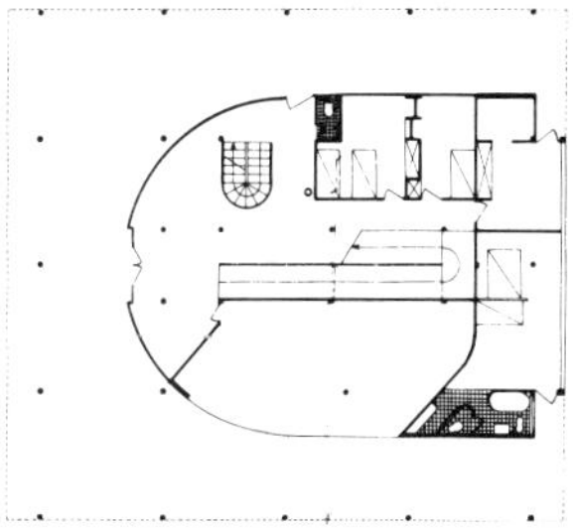
54

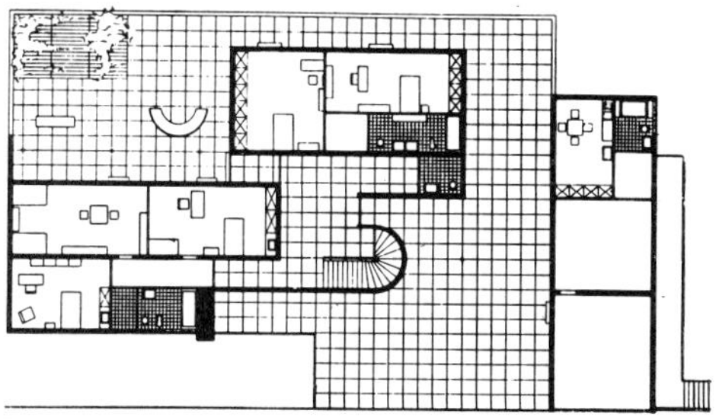
55

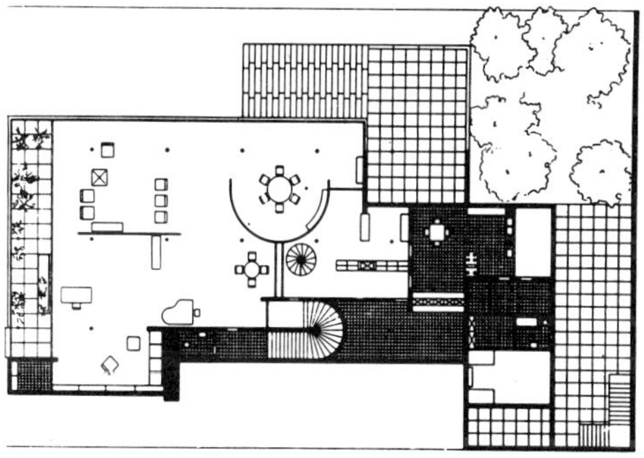
56

49. Le Corbusier, Haus auf dem Weißenhof, Stuttgart, 1927.
50, 51. Konstantin Melnikow, Haus an der Kriwoarbatsky-Gasse, Moskau, 1927.
52. Le Corbusier, Villa Stein, Garches, Frankreich, 1927.
53, 54. Le Corbusier, Villa Savoye, Poissy, Frankreich, 1929–31.
55, 56. Ludwig Mies van der Rohe, Haus Tugendhat, Brünn, 1928–30.

57

58

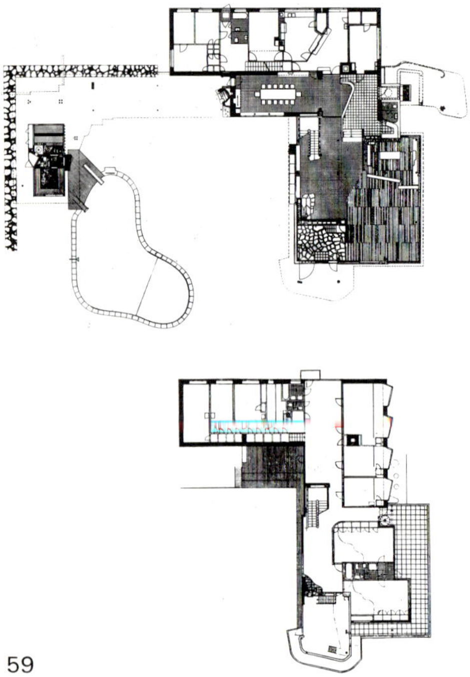
59

57. Pierre Chareau, »Maison de Verre«, Paris, 1928–32.
58, 59. Alvar Aalto, Villa Mairea, Noormakku, Finnland, 1938/39.

sche Gebäude damals isoliert auf einer großen Wiese stand, wurden alle Fassaden gleich gestaltet. Vom Dienstboten- und Eingangsbereich im Erdgeschoß führt sowohl eine Innenrampe als auch eine Treppe zum Hauptgeschoß, wo um eine zentrale Halle der Wohnraum mit angrenzender Küche, die große Gartenterrasse und die Schlafräume angeordnet sind. Die Rampe führt dann von der Terrasse weiter nach oben zum Sonnendeck auf dem Dach. Das Haus ist als Objekt zu verstehen, das sich von seiner natürlichen Umgebung abhebt. Es ist ein Beispiel für den distanzierten Charakter von Le Corbusiers Version der modernen Architektur, die abstrakt, mechanisch und autonom ist. Diese Architektur hatte mit den Zielen der klassischen akademischen Architektur mehr gemein als mit dem freieren funktionalen Denken der frühen Moderne.

Mies van der Rohes Untersuchungen bewegten sich in einer ähnlichen Richtung, wie sich beim Haus Tugendhat in Brünn (1928–30) zeigt. Eine Metallkonstruktion befreite die Wände zwar von ihrer Tragfunktion, doch sind Wände und Stützen eng aufeinander bezogen und liefern sich einen durch ihre gegenseitige Nähe faszinierenden Dialog, so daß beide zusammen den Raum definieren. Mies legte keinen Wert auf Pilotis, sondern nutzte die Baumasse, um den Garten von der Straße abzuschirmen. Ebenso verwendete er im Inneren des Hauses vollflächige Wände und Servicezonen als Abschirmung zum Wohnraum und zu den Hauptschlafbereichen hin. Bei diesem Haus gelang die Verbindung der Funktion und der neuen Ästhetik des offenen Grundrisses, der nur bei großen Räumen möglich ist. Das Ergebnis ist weit entfernt von den behaglichen Räumen der Free English Architecture der Jahrhundertwende und von der wohnlichen Atmosphäre, die durch den offenen Grundriß von Frank Lloyd Wright geschaffen wurde. Das Haus strahlt vielmehr die kühle Atmosphäre einer neuen Hygiene aus, der das Familienleben unterworfen wird und die eher für eine Hotelhalle mit ihrem eiligen Jet-set-Publikum geeignet erscheint.

Ein zwangloser, auf die spezifischen Gegebenheiten abgestimmter Bau ist Pierre Chareaus »Maison de Verre« (1928–32), das für den Arzt Dalsace und seine Frau als Praxis und Wohnung auf engem Raum in einem Hof hinter der Rue St. Guillaume in Paris erbaut wurde. Durch die Verwendung von Glasbausteinen zur optimalen Belichtung der Räume ohne Gefährdung der Abgeschlossenheit der Privatsphäre und durch die sichtbare Stahlkonstruktion ergibt sich im zweigeschossigen Salon ein Studioeffekt, der es ermöglicht, dem

Raum durch Bücher und beliebig aufzustellendes Mobiliar eine persönliche Note zu geben, was die Disziplin von Mies überhaupt nicht und der Akademismus von Le Corbusier weit weniger zulassen. Die Faszination, die die Konstruktion auf Chareau ausübte, reichte über das Interesse an der Funktion hinaus in den Bereich des Poetischen. Zu der ungewöhnlichen Lösung trug die ungewöhnliche Aufgabe bei, das Haus unter einem anderen Gebäude zu errichten. Wie Eileen Gray war auch Chareau in erster Linie Möbel- und Innenraumdesigner, was zeigt, daß die Methode, ein Haus von innen nach außen zu entwikkeln, nicht zu unterschätzen ist.

Dies trifft naturgemäß auch auf Gunnar Asplunds Sommerhaus in Sounda (1937) zu. Es handelt sich um einen einfachen Bau, bei dem ein Gang die Eßküche auf der einen Seite mit dem Wohn- und Arbeitsraum auf der anderen Seite verbindet. Der Wohnraum hat ein eigenes breiteres Dach, das unmittelbar beim zentralen Kamin einen offenen Winkel mit der übrigen Dachfläche bildet. Der Wohnraum liegt vier Stufen tiefer und dient auch als Hauptschlafraum. Das Bad befindet sich in einem separaten Bauteil. Dieses einfache Bauwerk mit seinem Spiel der versetzten Ebenen und seinen bewußt nicht aus dem Rahmen fallenden Details ist das Ergebnis einer auch bei vielen anderen skandinavischen Häusern zu erkennenden zwanglosen Entwurfshaltung, die einen großen Einfluß auf den Wohnungsbau der Nachkriegszeit, als die moderne Architektur sich ihrer sozialen Aufgabe bewußt wurde, ausüben sollte.

Aber zuvor baute Aalto noch die Villa Mairea (1938/39) und Wright das Haus »Fallingwater« (1935–39) für die Familie Kaufmann.

Die Villa Mairea liegt inmitten eines eintönigen Kiefernwalds, wie er in ganz Finnland zu finden ist. Ungewöhnlich an diesem Haus ist, daß hier die Aufgabe bestand, eine umfangreiche Kunstsammlung in das tägliche Leben der Familie zu integrieren. Das Erdgeschoß gliedert sich in einen rechteckigen Servicebereich, einen großen Mehrzweckraum und eine Zwischenzone, die einen etwas formaleren Speiseraum und die tiefer liegende Eingangshalle aufnimmt. Abgesehen vom abgetrennten Servicebereich ist der Grundriß offen. Der Hauptraum wird durch frei stehende Stützen, einen Wintergarten in der vorderen Ecke und bewegliche Schrankwände, die den Arbeitsbereich abtrennen, gegliedert. Eine Treppe mit unregelmäßig angebrachten hölzernen Geländerstäben führt von hier zu einer Halle mit Kamin im Obergeschoß. An diese Halle schließt sich auf der einen Seite der Spielbereich der Kinder an und auf der anderen die

60

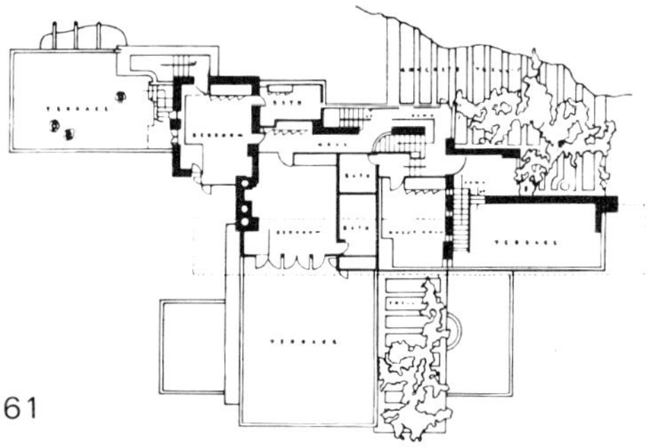

61

62

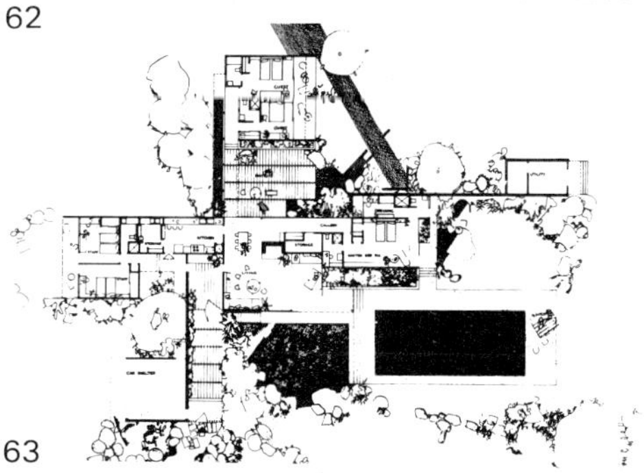

63

60, 61. Frank Lloyd Wright, Haus Kaufmann (»Fallingwater«), bei Mill Run, Pennsylvania, 1935–39.

62. Charles und Ray Eames, eigenes Haus in Pacific Palisades, Kalifornien, 1949.

63. Richard Neutra, Haus Kaufmann, Palm Springs, Kalifornien, 1946/47.

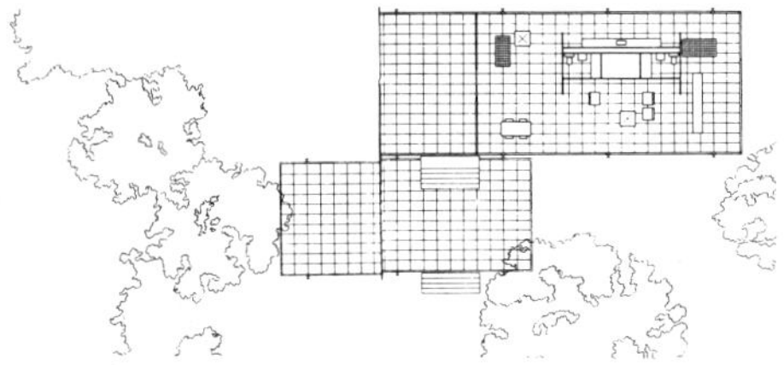

64

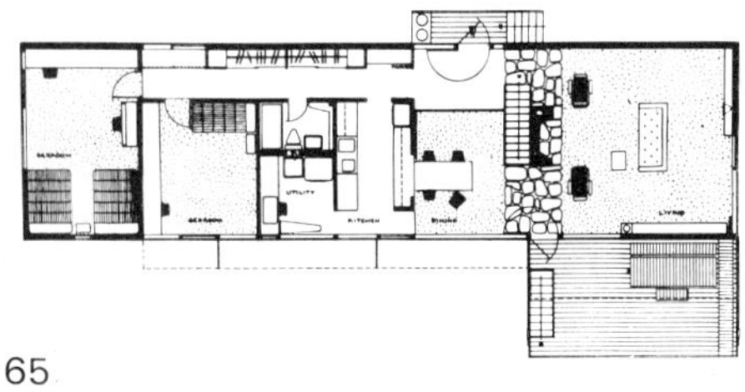

65

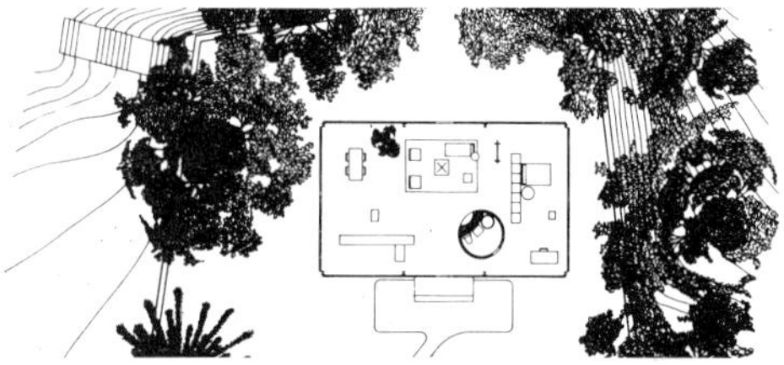

66

67

64. Ludwig Mies van der Rohe, Haus Farnsworth, Plano, Illinois, 1945–50.
65. Marcel Breuer, Wochenendhaus in New Canaan, Connecticut, 1947.
66, 67. Philip Johnson, eigenes Haus (»Glass House«), New Canaan, Connecticut, 1947 bis 1949.

Suite der Eltern, zu der auch ein Studio gehört. Vom Spielbereich geht es in vier kleine Schlafräume und auf eine offene, über dem Speiseraum liegende Terrasse. Die übrige Fläche nehmen Dienstboten- und Abstellräume ein. Das Obergeschoß hat von der Architektur her nichts mit dem Erdgeschoß gemein und steht im Widerspruch zu allen vernünftigen Kompositionsregeln, und dennoch scheint der funktionale Ablauf gewährleistet zu sein. In der Verlängerung des Speiseraums schließt sich an das Haus eine offene, mit einem Grasdach gedeckte Gartenhalle an; unter ihrem rechtwinklig abknickenden Endstück befindet sich eine Sauna. Daß dieses Haus die Phantasie der Architekten so sehr anregte, beruht darauf, daß es Aalto hier offensichtlich gelungen war, die Möglichkeiten der Skelettkonstruktion – die bei ihm nichts vom Formalismus eines Le Corbusier oder der Strenge eines Mies hat – im Verein mit traditionellen Materialien wie Stein und Putz zu nutzen. Außerdem wurde hier gezeigt, wie man sich vom rechten Winkel freimachen kann, in diesem Fall noch bei untergeordneten Elementen wie dem Vordach am Eingang, den Kaminen, dem Studio und dem Schwimmbecken. Durch diese Maßnahmen wurde es möglich, eine wohnlichere Atmosphäre zu schaffen, ohne sich über die Regeln der Moderne hinwegzusetzen, und es entstand so etwas wie das Haus unserer Kindheitsträume.

Auf der anderen Seite des Atlantiks baute Wright als Pendant eine andere Art von Traumhaus, das der Zukunft. Die »unmögliche« Erscheinung von »Fallingwater« war der Ausläufer einer Zukunft, die weit jenseits der Realität lag. Die fließenden, übereinanderliegenden Terrassen mit den tiefen, dunklen Hohlräumen dazwischen, die scheinbar nur durch den hochaufragenden Block im Zentrum mit der Kaminwand und dem durchlaufenden Eckfenster gehalten werden, erwekken den Eindruck, als führten sie ins Nichts, in ein Haus, das gar nicht da ist, das vor dem geheimnisvollen Wald und dem Wasserfall zurückweicht. Die horizontalen weißen Balkonbänder rufen Erinnerungen an die »schöne neue Welt« der modernen Architektur wach, und zusammen mit den ungewöhnlichen Auskragungen scheinen sie dazu zu ermuntern, den Ausdrucksmöglichkeiten der modernen Technologie zu vertrauen, obwohl das sicher das Letzte war, wonach Wright strebte.

Eine adäquate Alternative hierzu gab es erst, als Charles und Ray Eames 1949 ihr Haus in Pacific Palisades aus industriellen Standardteilen bauten, wobei sie bewußt zartgliedrige, leichtgewichtige Elemente wählten. Wie bei den ebenfalls aus vorgefertigten Serienprodukten bestehenden Schulen im englischen Hartfordshire, herrscht hier von der Gesinnung und von der Erscheinung her ein wesentlich realitätsbezogener Geist. Wenn man von einigen späteren Beispielen in Kalifornien und den Bauten der sogenannten »High-Tech«-Richtung in England absieht, wurde dieses Haus jedoch nicht als Modell akzeptiert, vermutlich weil es nicht dem Bild von Beständigkeit entspricht, das man sich gemeinhin von einem Einfamilienhaus macht. Der zwanglose, werkstatthafte, flüchtige Charakter des Hauses steht im Gegensatz zu den Ansprüchen der Alltagskultur, obwohl das Haus Eames seinen spezifischen Charakter gerade dem Verständnis der Realität und der Freude am Alltäglichen verdankt. Dieses Paradox scheint kennzeichnend für die Schöpfungen der Moderne zu sein.

Während das Ehepaar Eames eine Lanze für die Zukunft brach, feilten die europäischen Pioniere ihre Vorkriegsmodelle aus und nahmen damit einen starken Einfluß auf die ungefestigten Architekturvorstellungen der Nachkriegszeit. Den Höhepunkt des Internationalen Stils erreichte Neutra mit dem Haus Kaufmann in Palm Springs, Kalifornien (1946/47), Mies mit dem seine öffentlichen Bauten ziemlich einfallslos reproduzierenden Haus Farnsworth (1945–50), einem Wochenendpavillon, der statt in Barcelona in Plano, Illinois steht, und Marcel Breuer mit seinem abgeklärt kubistischen Wochenendhaus in New Canaan, Connecticut (1947), einem holzverkleideten, kabinenartigen Gebäude mit einer gewaltigen, über den Feldern schwebenden Terrasse, die von sichtbaren Drahtseilen gehalten wird.

Die selbstauferlegte Disziplin dieser Pioniere erfuhr durch die schillernde Persönlichkeit Philip Johnsons erstmals eine Lockerung. In seinem »Glass House« in New Canaan (1947–49) domestizierte Johnson die Architektur von Mies und machte sie zugleich ökonomischer, indem er Funktionen verschmolz, das Tragwerk mit den Profilen der Glaswände verband, das Haus direkt auf den Boden setzte und das Bad nebst dem Kamin in einem zylindrischen Kern unterbrachte (dessen Plazierung in dem aus einem einfachen Rechteck bestehenden Raum von sicherem Instinkt zeugt). Das vielleicht wichtigste Detail ist jedoch, daß er bewußt mit dem Raster brach, indem er den Backsteinboden im Fischgrätmuster verlegen ließ, wodurch die Möbel nach Belieben hin- und hergerückt werden können. Johnsons Haus, das ein erster Hinweis auf das erwachende Geschichtsbewußtsein der Moderne war, hatte jedoch die Architekten nicht ausreichend auf den Schock vorbereitet, den Le Corbusiers Häuser Jaoul in Neuilly-sur-Seine (1952–54) auslösten. Mit den rohen, natürlichen Materialien und dem Rückgriff auf ein bodenständiges Vokabular, in diesem Fall auf die flachen katalanischen Gewölbe, zog ein sichtbarer »Brutalismus« ein, der der Moderne ohne Schwierigkeiten die Tür zur Geschichte öffnete.

Josep Lluís Sert, ein Schüler von Le Corbusier, grub, als er nach einem Modell für den Entwurf eines Stadthauses suchte, ebenfalls in der Geschichte und wählte das zur Abwehr des heißen Klimas entstandene mediterrane Hofhaus als Vorbild für sein eigenes Haus in Cambridge, Massachusetts (1958), wo es darum ging, die Privatsphäre zu schützen. Alle wesentlichen Öffnungen weisen auf einen Hof, der einen zusätzlichen Wohnbereich im Freien darstellt.

Louis I. Kahn ließ bei dem von ihm entworfenen Haus Fisher in Hatboro, Pennsylvania (1960) zwei Kuben unter einem Winkel von 45° wie zufällig miteinander kollidieren und mißachtete damit alle Kompositionsregeln der modernen Architektur. Der lockere Funktionalismus und das Geschichtsbewußtsein, die sich bei diesem Haus manifestieren, entwaffnete die Kritiker. Der abgewinkelte Grundriß hat sein Vorbild in klassischen Bautypen wie der Akropolis und dem Forum. Durch ähnlich wie bei mittelalterlichen Schlössern weit zurückgesetzte Fenster wird der von dünnen Holzwänden umschlossene Raum in ein indirektes Licht getaucht. Kahn hat der sich frei entfaltenden Kreativität wieder ihren Platz in der Architektur verschafft.

Es war Robert Venturi, der Kahns Herausforderung annahm und eine eher inklusive als exklusive Architektur mit einem komplexen, vielseitigen Vokabular schuf. Er verschmolz Elemente der Massen- und der Hochkultur und genoß es offensichtlich, das »enfant terrible« der sechziger Jahre zu sein. In dem für seine Mutter erbauten Haus in Chestnut Hill, Pennsylvania (1962) sind die Innenräume so geschnitten, daß sie sich auf den zentralen Kamin beziehen, wo sich auch der Eingang und der First des geneigten Daches treffen.

Die Lücke, die dadurch entstand, daß die Mode Venturis Höhenflügen nicht folgen konnte, hat Charles Moore zusammen mit Lyndon, Turnbull und Whitaker durch die erfrischenden Bauten in der Sea Ranch (1964/65) ausgefüllt. Der Kontextualismus setzte sich durch, und mit ihm gingen Zeichen kulturellen Verfalls Hand in Hand.

Es blieb den siebziger Jahren überlassen, eine Antwort hierauf zu finden.

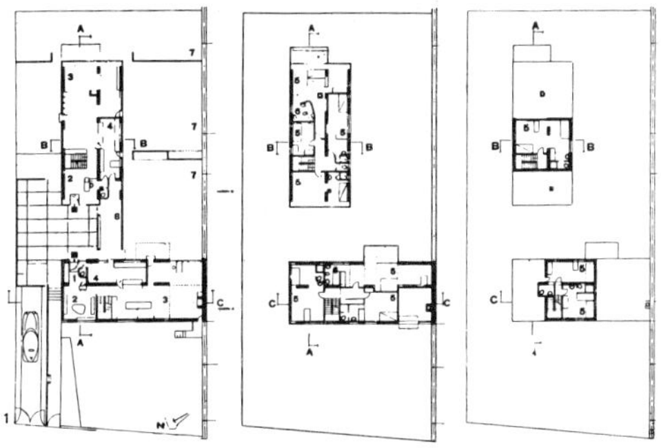
68

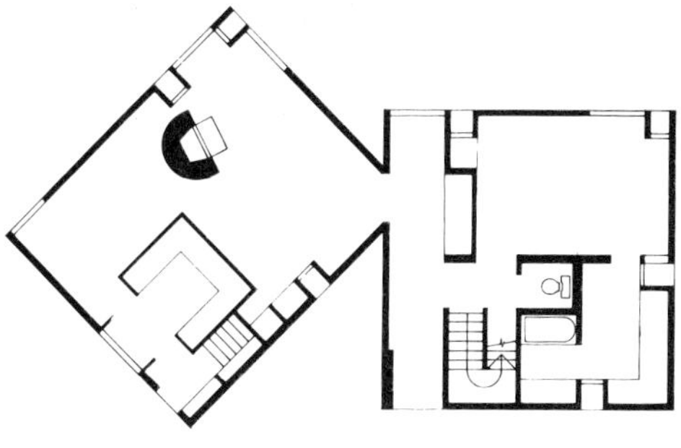
71

69

72

73

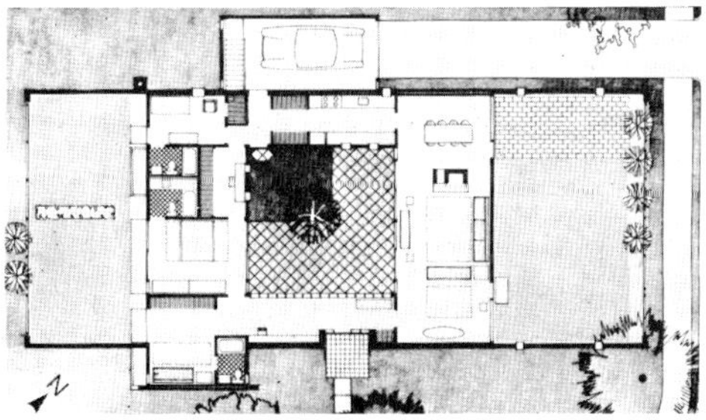
70

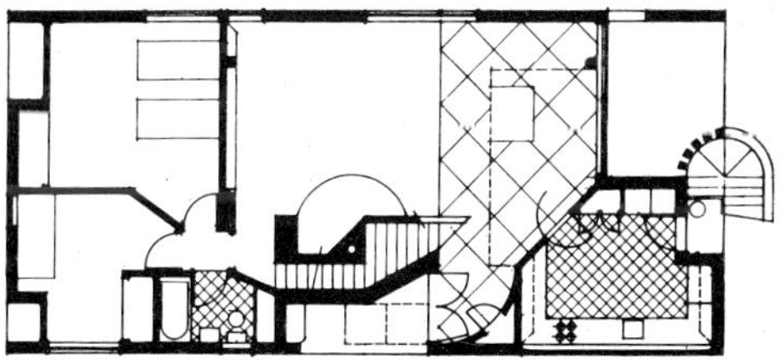
74

75

68, 69. Le Corbusier, Häuser Jaoul, Neuilly-sur-Seine, 1952–54.

70. Josep Lluís Sert, eigenes Haus, Cambridge, Massachusetts, 1958.

71, 72. Louis I. Kahn, Haus Fisher, Hatboro, Pennsylvania, 1960.

73, 74. Robert Venturi, Haus Vanna Venturi, Chestnut Hill, Pennsylvania, 1962.

75. MLTW (Moore - Lyndon - Turnbull - Whitaker), Condominium I, Sea Ranch, Sonoma County, Kalifornien, 1964/65.

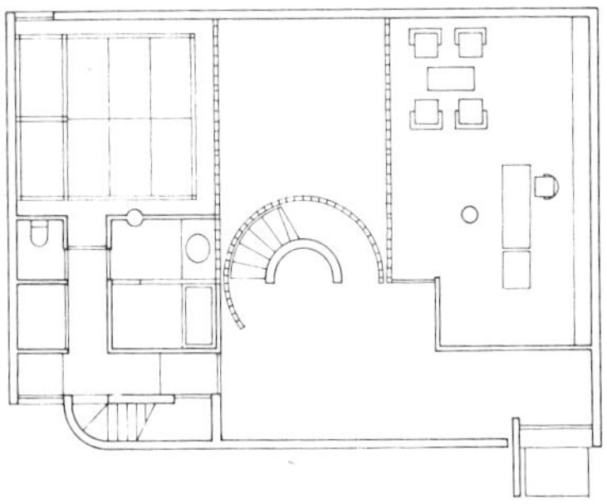

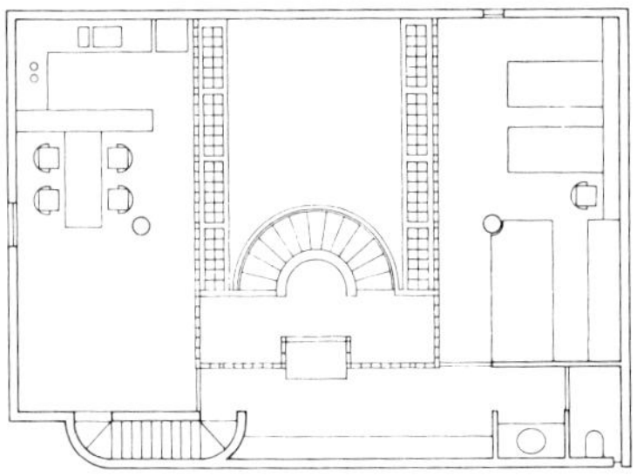

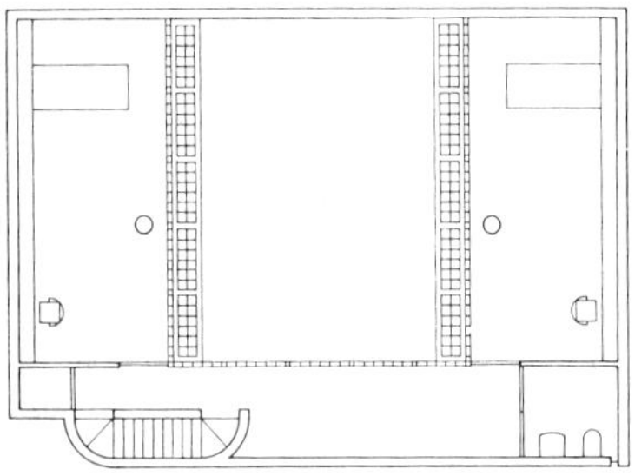

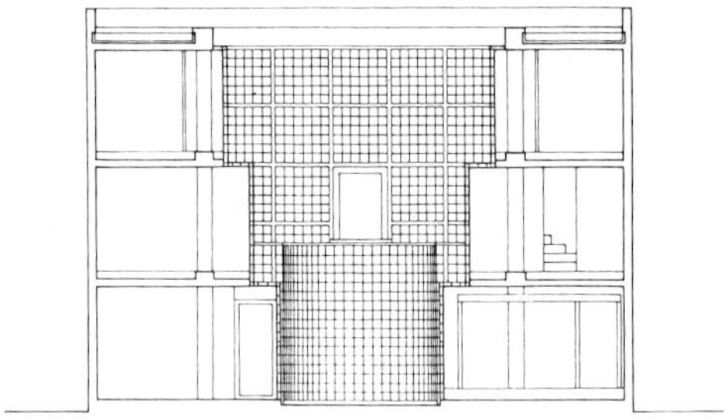

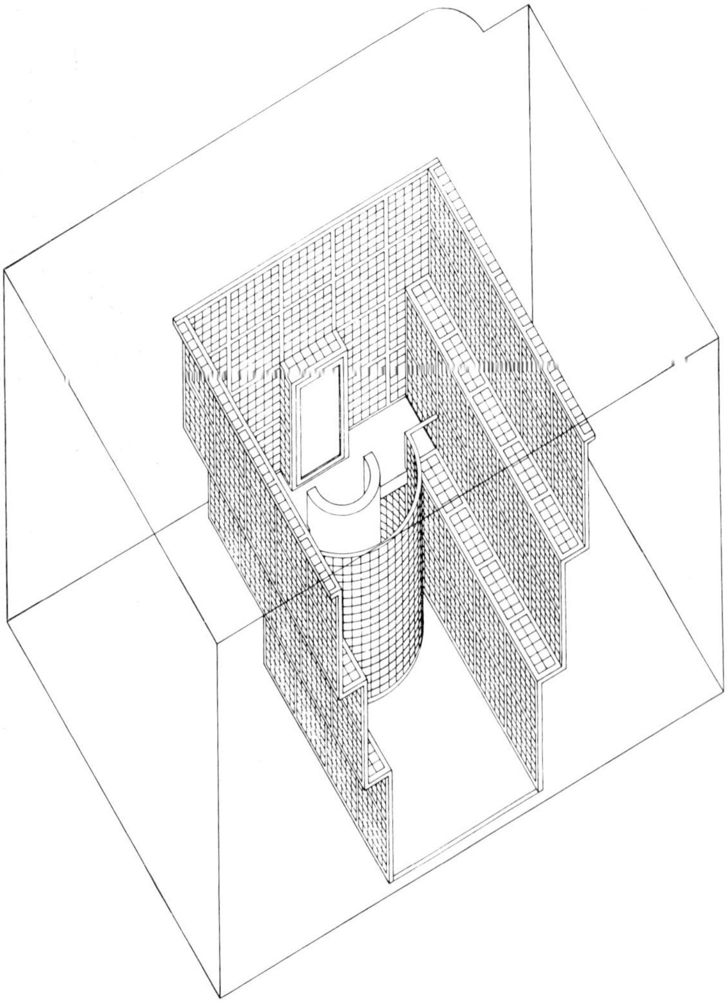

Haus Ishihara, Osaka, 1978
Architekt: Tadao Ando

Das Haus befindet sich in einem Gebiet von Osaka, wo kleine Fabriken, Läden und Häuser durcheinandergewürfelt sind; durch den Staub und Rauch der angrenzenden Fabriken ist es nicht die beste Wohngegend.
Das Gebäude besteht aus der Wohnung für die Eltern und Söhne und dem Bürotrakt der Möbelfirma des Eigentümers.
Es hat drei Stockwerke, wobei die Räume beiderseits eines Innenhofs liegen und in einen öffentlichen Bereich auf der unteren Ebene und in einen privaten Bereich auf der oberen Ebene unterteilt sind. Unter Berücksichtigung der ungünstigen Umweltbedingungen durch die kombinierte Nutzung und die große Dichte der Stadt entschied sich der Architekt, das Haus vom urbanen Kontext zu lösen, indem er es mit einer geschlossenen Betonwand umgab und die Verbindung nach außen auf den Innenhof konzentrierte. Die Maßnahme, den Freiraum im Zentrum des Hauses völlig abzuschirmen, ist bei Häusern in ungünstiger Lage üblich. So gab es auch in den mittelalterlichen europäischen Städten Häuser mit Innenhöfen, in denen die Bewohner vor den Gefahren der Straße Schutz suchten. Die Rückkehr zu diesem historischen Modell ist als Reaktion auf die immer schlechter werdenden Bedingungen des innerstädtischen Lebens zu verstehen und als Ausdruck unseres Wunsches, durch die Stille und den Atem des eigenen Gartens oder Innenhofs den Weg zurück zur Natur zu finden.
Wenn der Hof jedoch klein ist, ist die Privatsphäre der einzelnen Bewohner gefährdet. Tadao Ando wählte für die Wände des Hofes Glasbausteine, die Transparenz mit einem Schutz vor Einblick verbinden. Die Glasbausteine sind so angeordnet, daß sich der Hof nach oben zum Himmel wie eine aufgehende Blume öffnet und die Abstufung des Schattens der Abstufung des Baukörpers entspricht. Es entsteht der Eindruck, als seien die Glaswände von Chareaus »Maison de Verre«, das 1928–32 in Paris entstand, wieder zu neuem Leben erweckt worden, in einer ähnlichen Situation, aber in einer anderen Kultur.
Das Haus Ishihara möchte die Möglichkeit bieten, im eigenen Haus man selbst zu sein und aus der Geborgenheit des Heims heraus dann den Kontakt zur Umwelt aufzunehmen. Um dies zu gewährleisten, ist Ando vielleicht zu brutal und zu radikal vorgegangen, aber die Notwendigkeit des spirituellen Überlebens unter chaotischen und offensiven Stadtbedingungen hat er zweifellos deutlich gemacht.

1. Grundriß des Erdgeschosses.
2. Grundriß des 1. Obergeschosses.
3. Grundriß des 2. Obergeschosses.
4. Schnitt.
5. Axonometrie.
6. Außenansicht. Die Eingangsseite.

7. Der Hof. Blick auf das Treppenrund.
8. Der Hof. Blick vom Büro auf den Tatamiraum.
9. Hofwände.

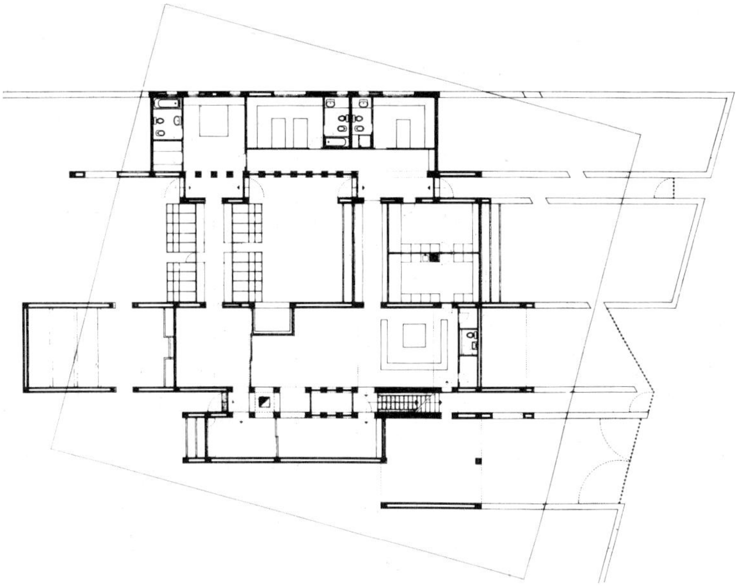

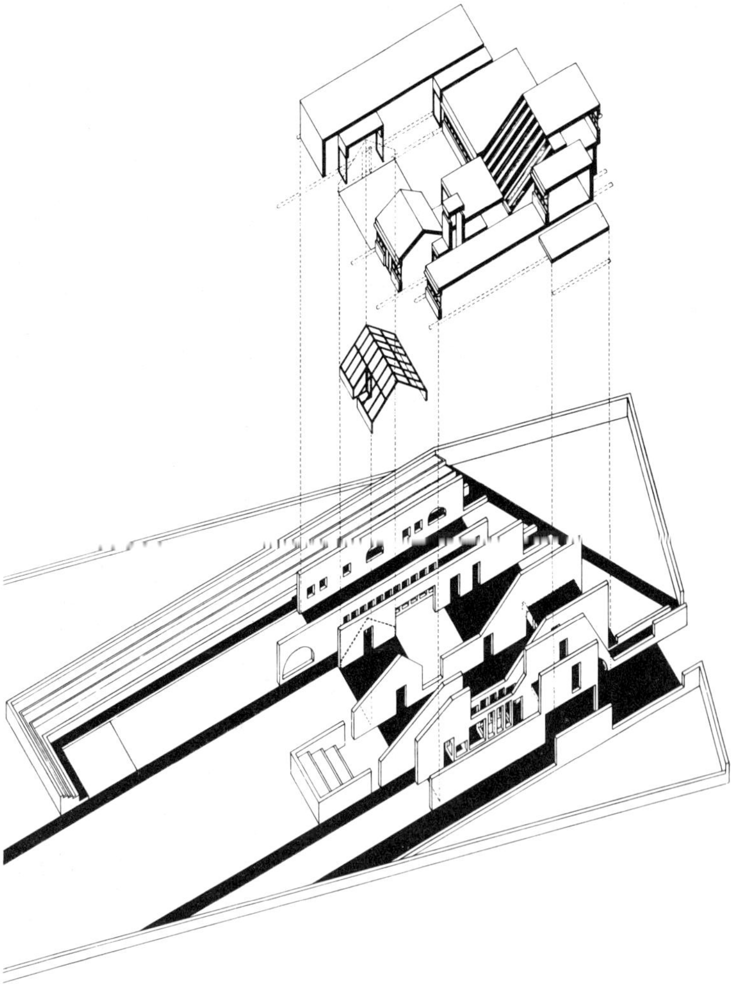

1. Grundriß.
2. Axonometrie.

Haus Pisa, Patra, Italien, 1978
Architektin: Gae Aulenti

In den siebziger Jahren gerieten wir durch die mangelnde Aussicht auf eine Veränderung zu einer Erstarrung, die in einem narzißtischen Überlebensdrang gipfelte. Die Bauherren und mit ihnen die Architekten erlagen mehr denn je der Versuchung, die Flucht aus der Öffentlichkeit in den privaten Bereich, ins eigene Heim, ins eigene Utopia anzutreten. Eine der Möglichkeiten, diesem Narzißmus Einhalt zu gebieten, besteht darin, das Haus als ein sich nach außen öffnendes Objekt zu gestalten, dessen Aussage und Bedeutung um so positiver zu werden verspricht, je stärker der größere städtebauliche Zusammenhang beim Entwurf berücksichtigt wird.

Gae Aulenti wirft nun die Frage auf, wie ein Haus beschaffen sein muß, damit es mehr als ein Heim ist, damit es, für sie und uns, ein Teil der Stadt wird. Durch eine Reihe von parallel ausgerichteten Wänden erreicht sie, daß die Stadt in das Haus eindringt, insofern sie dieses zu einem Rahmen von Straßen macht. Die Wand gibt uns die Möglichkeit, uns je nach Laune und Beschäftigung davor oder dahinter aufzuhalten. Die Wand muß geradezu als Grundlage einer Stadt gesehen werden, denn ohne Wände kann es keine Straßen geben. Überdies ist die Wand die Voraussetzung für unseren privaten Lebensraum, sie umschließt den Ort, den wir als unser Heim bezeichnen, den wir verlassen, um am Leben draußen teilzunehmen, und an den wir uns zurückziehen, wenn wir Entspannung suchen, allein oder mit anderen.

Der synkopische Rhythmus der einmal enger, einmal weiter stehenden Wände, die sich über das gesamte Gelände erstrecken und durch ihre Abschrägungen gegenüber dem jetzigen Straßenverlauf die alte Grundstücksgrenze markieren, läßt das Haus wie zufällig wirken. Die Idee, durch die Ausrichtung der Wände das städtische Leben bis zum einzelnen Haus vordringen zu lassen, war von Anfang an mehr eine abstrakte, von der Stadt selbst losgelöste Entwurfsvorstellung.

Es liegt auf der Hand, daß ein Haus, das nicht zu einer Stätte physischer und psychischer Isolation werden soll, die städtische Szene in sich aufnehmen muß. Andererseits muß es diese jedoch auch ausschließen, um die Voraussetzungen für eine Entfaltung der Person zu schaffen, wodurch es erst zu einem Heim wird. Die Crux bei diesem Paradoxon ist die willkürliche Wahl, die getroffen werden muß. Und wenn, wie bei diesem Haus, die Wahl nicht der Norm entspricht, kann zum Beispiel bei der Gestaltung der Fassade das Ergebnis

3. Der hintere Gartenhof zwischen den Schlafräumen (links) und dem Wohnraum. Der Wintergarten ist noch nicht gebaut worden.
4. Das Studio.

nur ein Experiment sein, das sich auf Grund seiner Kleinheit nicht im Straßenbild durchsetzen kann und das sich zudem durch seine Besonderheiten dem Normalverständnis entzieht. Daher birgt diese Wahl die Gefahr der Vernachlässigung des Außenraums zugunsten einer höchst reizvollen Gestaltung des Inneren – die im vorliegenden Fall ein hochentwickeltes Empfinden für die ästhetische Qualität eines durch geschlossene oder auch durchbrochene Wände gebildeten Raumes verrät.

5. Der Wohnraum.
6. Blick durch den Wohnraum.

7. Das Studio.
8. Das Elternschlafzimmer.

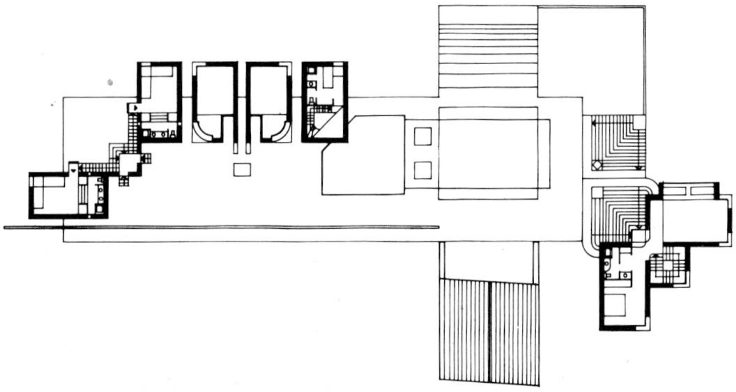

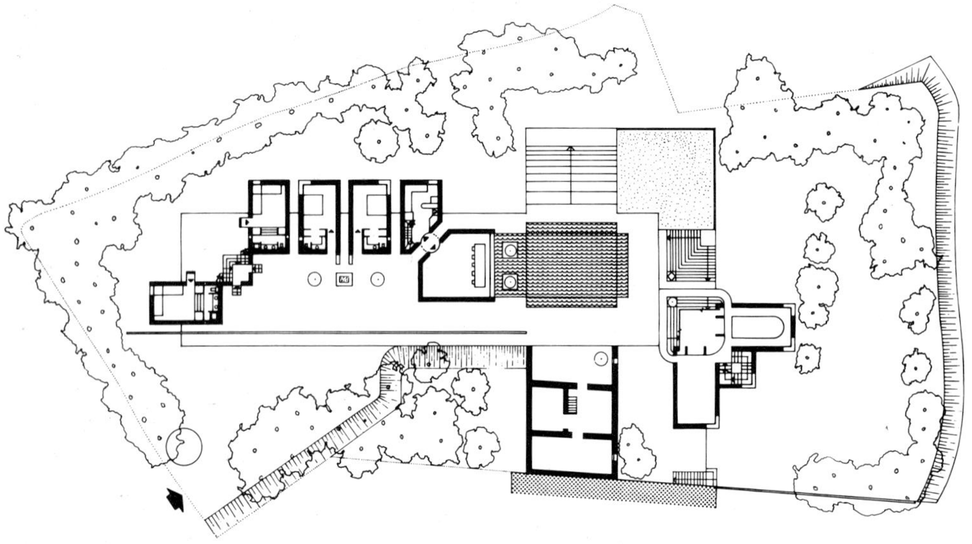

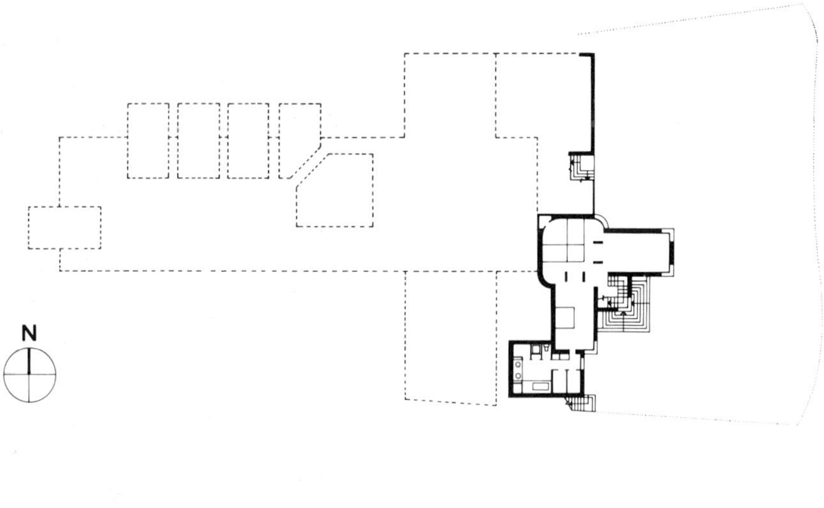

1. Grundriß der oberen Ebene des Elternhauses und der Gästepavillons.
2. Grundriß der Gartenebene mit Speisepavillon und Gästepavillons.
3. Grundriß der unteren Ebene des Elternhauses.

Haus in Mont-ras, Spanien, 1973–75
Architekt: Ricardo Bofill mit Taller de Arquitectura

Wir haben es hier mit einer völlig anderen Vorgehensweise zu tun. Sie bestand darin, beim Entwurf eines Hauses die Funktionen als Bruchteile des Ganzen neu zu überdenken. Das Haus ist eine Ansammlung von Häusern, die die Beziehung zwischen den verschiedenen Klassen und Tätigkeiten eines feudalen Zeltlagers, Schlosses oder Klosters in Erinnerung rufen. Die Gelegenheit für diesen Entwurfsansatz lieferte die Aufgabe, ein Sommer- und Wochenendhaus zu entwerfen, bei dem der übliche Ablauf der Lebensgewohnheiten während der Woche außer Kraft gesetzt ist. Im Unterschied zum Haus Johnson in New Canaan, das entspannter und lockerer wirkt, hat Bofill bewußt einen Rahmen geschaffen, der die Handlungsweise vorbestimmt. Dadurch entsteht eine unterschwellige Spannung zwischen der Architektur und dem Bewohner, selbst dort, wo für Flexibilität und unterschiedliche Nutzungsmöglichkeiten gesorgt ist. Zu denken ist hier an den offensichtlichen Widerspruch zwischen dem radikalen Versuch, die einzelnen familiären Bereiche in voneinander unabhängige Teile aufzusprengen, und der vorherigen Festlegung der Beziehung der einzelnen Bereiche untereinander. Selbst in traditionelleren Häusern bestimmt die Architektur den Raum, aber dadurch, daß man starre Unterteilungen vermeidet, indem man zum einen alles unter einem Dach unterbringt und zum anderen für fließende, die Nahtstellen verwischende Übergänge sorgt, schafft man vertraute, ein Gefühl von Behaglichkeit erwekkende Bilder, die dem Bewohner die Möglichkeit geben, sich mit dem Raum zu identifizieren und ihn in Besitz zu nehmen, sowie ihm das Gefühl vermitteln, »zu Hause zu sein«.
Das Haupthaus für die Eltern des Architekten befindet sich am Ende eines langen Zugangs, der durch eine hohe Wand aus Backsteinmauerwerk begrenzt wird. Es erhebt sich mit seinen kahlen Backsteinwänden über einem Sockel mit monumentalen Stufen, der es, wie die Behausungen in einem mittelalterlichen Bergfried, vom Leben im Hof abhebt. In der Mitte des Hofes befindet sich ein blockartiger Speisepavillon, der direkt mit einem Schwimmbecken in Verbindung steht. Auf der anderen Seite schließt sich ein Küchen- und Dienstbotenblock an, gefolgt von einem Paar zwei Geschosse hoher Doppelbettzellen, welches das Zentrum der hier gelegenen Gebäudegruppe bildet. Am äußersten Ende des Hofes findet diese ihren Abschluß in zwei scharnierartig miteinander verbundenen Blöcken

4. Blick vom Podium des Elternhauses auf die Gebäudegruppe mit dem Speisepavillon im Zentrum.
5. Außenansicht des Elternhauses, das die schönste Aussicht hat.

mit vier separaten Räumen für Kinder und Gäste. Das zwischen dem Speisepavillon und dem »Bergfried« der Eltern gelegene Schwimmbecken führt exakt die Begrenzungen der Ruine eines ehemaligen Bauernhauses fort. Das Pendant zu der Ruine ist eine über das Schwimmbecken hinweg auf diese ausgerichtete, abgestufte Sonnenterrasse. Sie wird mit dem Elternflügel durch eine hohe, die nordöstliche Grenze des Komplexes bildende Wand verbunden, die durch eine in den tiefer gelegenen Obstgarten führende, abgewinkelte Freitreppe unterbrochen wird. Den Wohnraum dieses Habitats bildet der umschlossene Freilufthof, in dem der »zentrale Kamin« durch den Speisepavillon ersetzt ist. Hier wird das Bild des ursprünglichen Lebens in Erinnerung gerufen. Dieses Bild wird noch verstärkt durch die maßstäblich leicht überzogene Architektur. Von außerhalb gesehen, scheint auf der anderen Seite der Maßstab zu schrumpfen, wodurch sich das Haus an die bestehenden Bauernhäuser zwischen den Bäumen und Büschen am Hügelrand anpaßt. Sein Stil beschwört aus einiger Entfernung das Bild des halbzerstörten und leeren Dorfes von Mont-ras. Die Architektur ist eine Kreuzung aus den ursprünglichen Formen von Louis I. Kahn und der Einfachheit von José Antonio Coderch, die den ebenen, disziplinierten Charakter von mittelalterlichen katalanischen Gebäuden spiegelt.

6. Die Gästepavillons.
7. Das Elternhaus.
8. Der zweigeschossige Wohnraum der Eltern auf der unteren Ebene.

Haus in Ligornetto, Schweiz, 1975/76
Architekt: Mario Botta

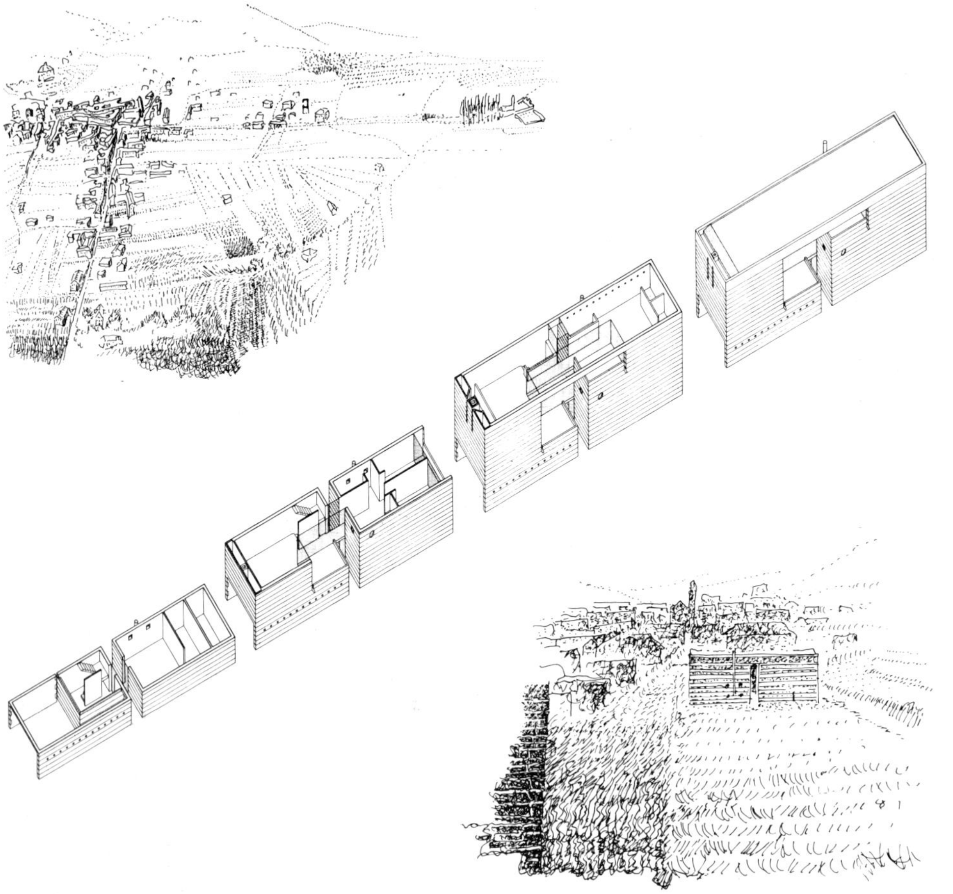

Ein Vorortgrundstück stellt eine extrem schwierige Herausforderung für den Architekten und den Bewohner dar. Der Architekt weiß, daß die Entstehung des Vororts ihre Ursache in der Ablehnung der überfüllten Städte hat und die Gartenstadt als Versuch zu sehen ist, so etwas wie ein Arrangement zwischen Stadt und Land zu treffen. Viele Utopisten des 19. Jahrhunderts bemühten sich um ein derartiges Arrangement, und wenn wir uns mit ihren Versuchen auseinandersetzen, können wir von ihren Erfolgen und Mißerfolgen lernen. Dies ist jedoch nur möglich, wenn der Architekt eine ganze Wohnanlage oder wenigstens eine Gruppe von Häusern entwerfen kann. Wenn er ein einzelnes Haus in einem Vorort bauen soll, wird er dagegen dazu tendieren, jegliche Integration mit den Nachbarn zu vermeiden; diese ist normalerweise auch gar nicht möglich, weil ja das individuelle Objekt den Ausgangspunkt für die Ausdehnung des Vororts darstellt.

Mario Botta war sich dieses Problems sehr wohl bewußt. Sein Haus in Ligornetto befindet sich am Rand des Vororts der kleinen Stadt, abseits der Hauptstraße. Botta hat ein Haus entworfen, das sich von allen anderen Häusern, die ebenfalls unterschiedlich sind, abhebt und damit den Erwartungen des Hausbewohners entspricht. Aber er ist noch einen Schritt weitergegangen. Auf Grund von bestehenden Bebauungsvorschriften befindet sich sein Haus an der Grenze zwischen dem Vorortgebiet und dem freien Land – und diese Situation wurde zur Grundlage des Entwurfs. Das Haus wurde Teil einer imaginären Wand, die eine Öffnung zwischen Stadt und Land enthält. Eine Wand dient normalerweise als Schutz, und in diesem Fall schützt sie die Stadt vor dem Land. Die Natur wird zurückgewiesen, wodurch das Objekt noch mehr isoliert und in seiner Eigenständigkeit betont wird. Durch den fehlenden Ausblick auf die »feindliche« ländliche Umgebung und den fehlenden Zugang vom Erdgeschoß zum »Garten« wird das Artifizielle des Hauses hervorgehoben. Diese Anzeichen von Verstädterung werden durch die artifizielle Gestaltung der Fassaden noch verstärkt, deren Dekoration dem Motto zu folgen scheint, daß man sich aufputzen muß, um gesehen und bewundert zu werden, und daß hierauf das kulturelle Image des einzelnen beruht. Die farbigen Ziegelstreifen, die voneinander durch vertiefte Fugen getrennt sind, lassen die anspruchsvolle Tradition der Fassadendekoration in Anlehnung an die Häuser der Reichen wiederaufle-

1. Skizzen, die die Lage des Hauses zeigen,
und Axonometrien der einzelnen Geschosse.
2. Grundrisse, Schnitte und Aufrisse.
3. Die Süd- und Eingangsseite.

4. Die vom Dorf abgewandte Nordseite.
5. Die Öffnung in der Südseite.
6. Der Wohnraum.

ben und haben zum Ziel, den Rang des Hauses innerhalb der Nachbarschaft zu steigern. Das Problem der Fassadengestaltung bei kleinen Privathäusern besteht darin, es anders zu machen, um die Individualität des Besitzers zu unterstreichen, aber doch nicht so viel anders, daß man als Außenseiter oder Exzentriker angesehen wird. Das fremdartige Aussehen eines modernen Hauses wird hier durch die in dieser Gegend übliche Verwendung von farbigen Ziegeln in kunstvollen Details gemildert. Während das Haus einerseits mit den umliegenden Feldern zu verschmelzen scheint, tritt es andererseits mit seiner an landwirtschaftliche Gebäude gemahnenden Schlichtheit hervor – die großen Glasfenster sind von der Fassade weg in den Schatten des Gebäudes verlegt. Auch wenn sich das Haus von den umliegenden Gebäuden unterscheidet, versucht es doch, höflich zu sein, und gute Manieren in der Gestaltung bedeuten gute Gestaltung.

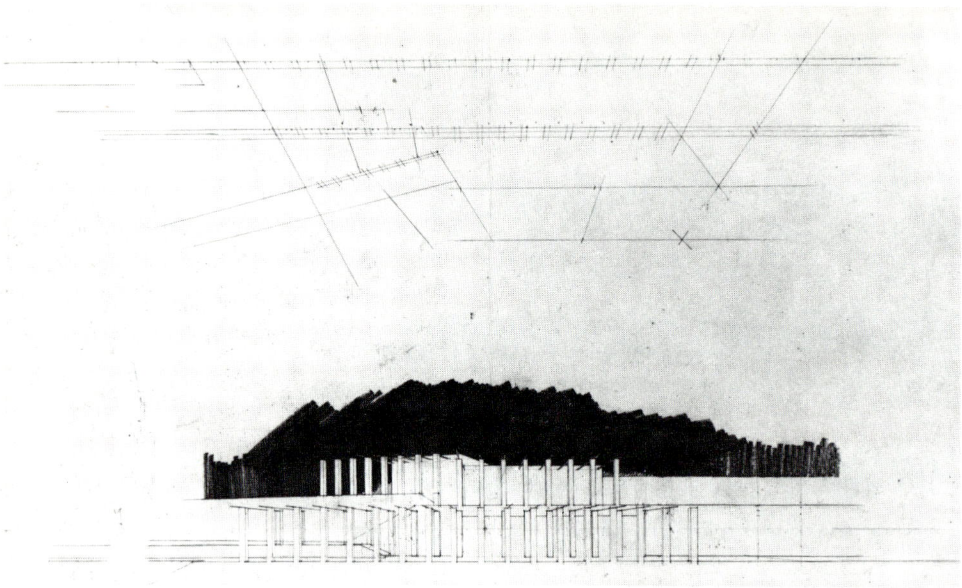

Haus Vittoria, Insel Pantelleria, Italien, 1972–75

Architekten: Lluís Clotet und Oscar Tusquets

Die Tatsache, daß die komplexe Sprache der modernen Architektur nicht erkannt wurde, ist zum Teil der Grund dafür, daß kritische Architekten heute erklären, es sei alles ein schrecklicher Irrtum gewesen. Sie mögen sogar hinzufügen: »Wir sind nun, Gott sei gedankt, von der Notwendigkeit des Glaubens befreit; wir können daher die Geschichte als eine Realität und nicht als eine Analogie verstehen, was uns erlaubt, unsere Bauten wieder zu dekorieren.« Diese Kritiker wurden, ob zu Recht oder zu Unrecht, als »Postmoderne« bezeichnet. Um diesen Begriff geht es jedoch hier nicht, sondern um das Wesentliche in der Architektur, zu dem die Moderne ja zurückfinden wollte. Zum ersten versuchte sie, vom Eklektizismus des 19. Jahrhunderts sowohl im Stil als auch in der Dekoration loszukommen, und zum zweiten wurde der Versuch unternommen, sich der Realität der Probleme zu stellen, die sich durch den revolutionären Übergang des Patronats über die Architektur von der Aristokratie auf das Volk ergaben. Wie John Summerson darlegte, wurde mit der demokratischen Einebnung das Monumentale durch eine neue Menschlichkeit und Häuslichkeit ersetzt. Obwohl die Moderne in ihren Anfängen notwendigerweise eine puritanische Haltung einnehmen mußte, um sich abzugrenzen, hat der beständige Wunsch, mit der Realität Schritt zu halten, die Sprache, die wir noch immer als die moderne bezeichnen, allmählich immer reicher werden lassen. Wenn die Krise in den sechziger Jahren ihren Höhepunkt erreichte, so brachten die siebziger Jahre eine gründliche Reflexion mit sich, die auch einen Rückgriff auf klassische Formen zur Folge hatte.

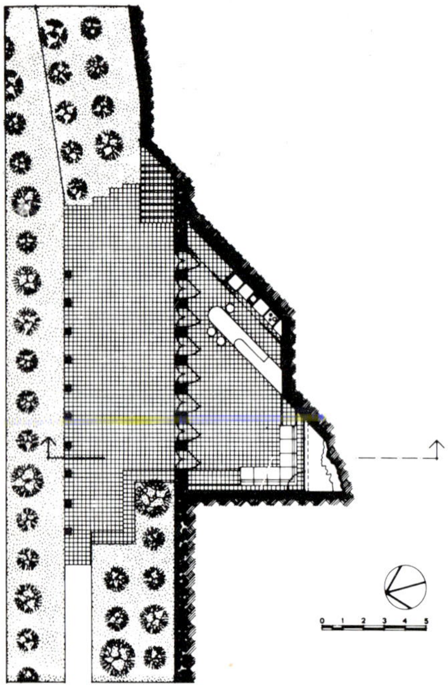

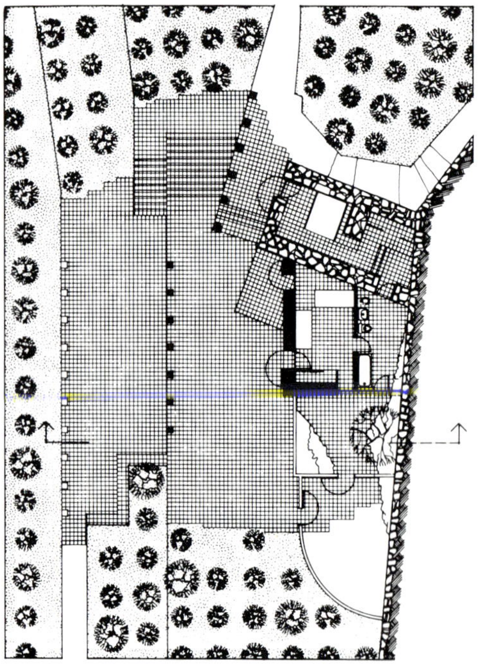

Eines der frühesten Elemente der Architektur war der Pfosten, der den Balken stützt. Dieser Pfosten wurde bald zur Säule und damit zu einem Symbol männlicher Vitalität und Kraft, während der Balken zum Architrav wurde, zu einem Sinnbild weiblicher Passivität. Gerade wegen ihrer Fähigkeit, verschiedenen Stilen dienstbar zu sein, ist die Säule das architektonische Element, das es am schwersten hatte, Eingang in die moderne Architektur zu finden. Wenn man einmal von einigen bizarren Beispielen der sogenannten postmodernen Architektur absieht, findet sich auf der Mittelmeerinsel Pantelleria der erste schwierige Versuch einer Rückgewinnung der Säule. Lluís Clotet und Oscar Tusquets haben bewiesen, daß Zurückhaltung in der Architektur in Verbindung mit einem ruhigen, nüchternen

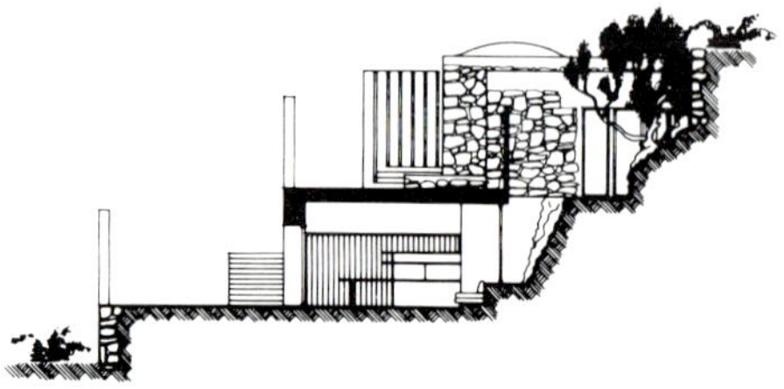

1. Perspektive der Säulenanordnung.
2. Grundriß der oberen Ebene.
3. Grundriß der unteren Ebene.
4. Schnitt.
5. Die obere Terrasse.

Äußeren ausreichend ist, um ein würdevolles architektonisches Werk zu schaffen. Die Anordnung der frei stehenden Säulen in unterschiedlichen Fluchten, die einen Raum einschließen und einen Ausblick begrenzen, beschwört die Stille einer klassischen Ruine. Die Säule ist hier nicht als maßlicher Rahmen für dekorative Fassaden verwendet worden, sondern als Mittel zur Raumgestaltung. Inspiriert durch das Gelände, hat man sich hier mit der Wiederverwendung eines Grundelements der Architektur, das von historischen Stilmerkmalen befreit wurde, auseinandergesetzt. Dies steht im genauen Gegensatz zum ironischen Umgang mit dem klassischen Vokabular durch dieselben Architekten bei ihrem früher entstandenen Haus »Georgina« in Spanien.

6. Blick von der Küste auf die Terrassen.
7. Der Eß- und Wohnbereich.
8. Terrassen und Haus verschmelzen mit der Landschaft.

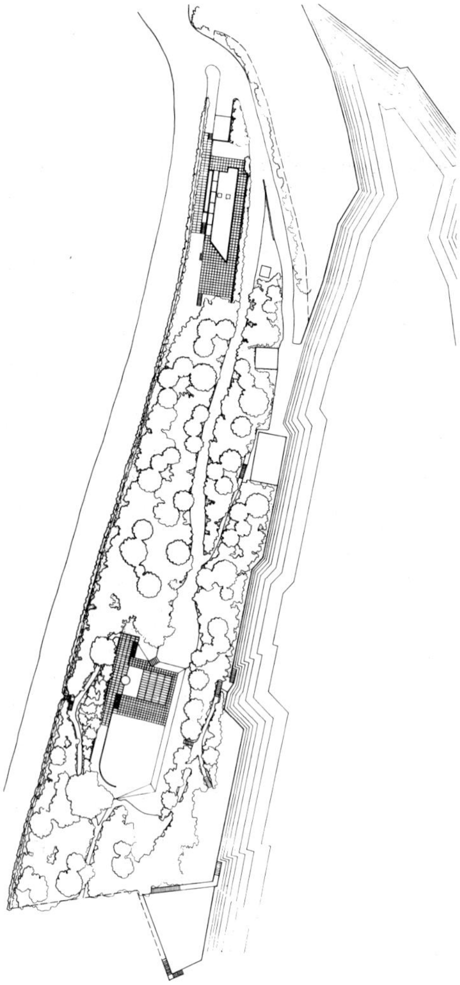

Haus Pillwood, Cornwall, England, 1972–74

Architekten: Colquhoun and Miller

In dem Maß, in dem der von unserer hochindustrialisierten Gesellschaft ausgehende soziale Druck sich auf unser Privatleben auswirkt, wird unser Wahrnehmungsvermögen durch die von anonymen Instanzen gesteuerte Informationskontrolle blockiert. Wir sind eingemauert wie in einem Betongrab, und der Pulsschlag eines sich mehr und mehr verbrauchenden Lebens dringt nur noch in Form von Elektronenklang und Elektronenlicht zu uns durch. Aus Angst vor Selbstentfremdung flüchten wir von einem Ort zum anderen, in die Stadt, aufs Land, in die Geschichte, zu Freunden oder Fremden, zur Sonne, zum Regen, in die Träume ... und stellen schließlich wie Alice im Wunderland und die Herzkönigin fest, daß wir nur auf der Stelle getreten sind.

Das Wochenendhaus auf dem Land ist nur zu oft eine Kopie unseres Alltagslebens, allerdings in einer weniger eingeschränkten Umgebung. Nicht wenn wir ganz und gar im Alltag aufgehen, wird uns unser Leben bewußt, sondern zum Beispiel dann, wenn wir in der freien Natur sind und die Wolken oder die Sterne betrachten.

Alan Colquhoun und John Miller waren sich dessen beim Entwurf des Hauses Pillwood sehr wohl bewußt. Die Hochtechnologie als Mittel, nicht als Selbstzweck sehend, haben sie eine Zeltkonstruktion geschaffen, unter der man bei Regen schlafen kann, ohne naß zu werden. Hier wurde die eigentliche Funktion des Ferien- und Wochenendhauses erkannt. Es soll das Erlebnis bieten, ein Teil der Natur zu sein, ohne daß dabei die Regeln architektonischer Disziplin außer acht gelassen werden. Der traditionelle Funktionalismus der modernen Bewegung ist durch die Notwendigkeit, die Anforderungen des Programms und das von geschichtlicher Erfahrung geprägte formale Konzept miteinander zu vereinbaren, erweitert worden.

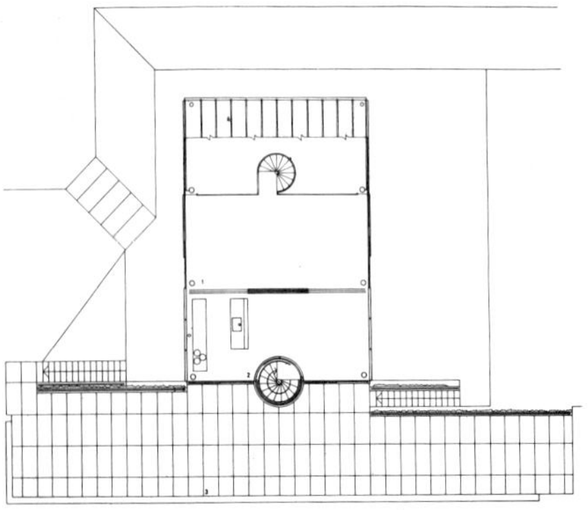

1. Lageplan.
2. Grundriß der oberen Ebene.
3. Grundriß der unteren Ebene.
4. Axonometrie.
5. Aufriß der Nordseite.
6. Die Südseite.
7. Blick in den Innenraum.

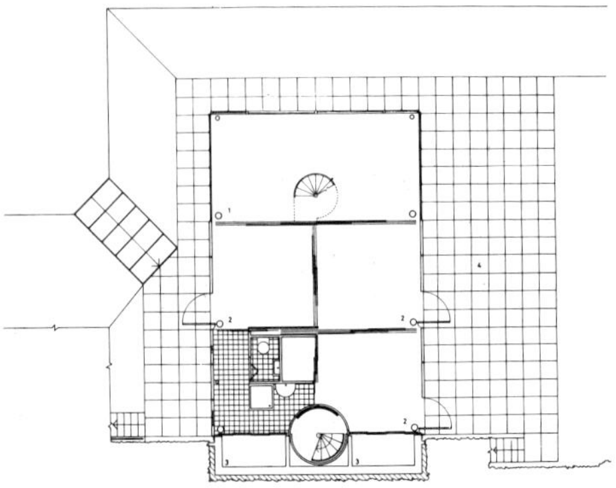

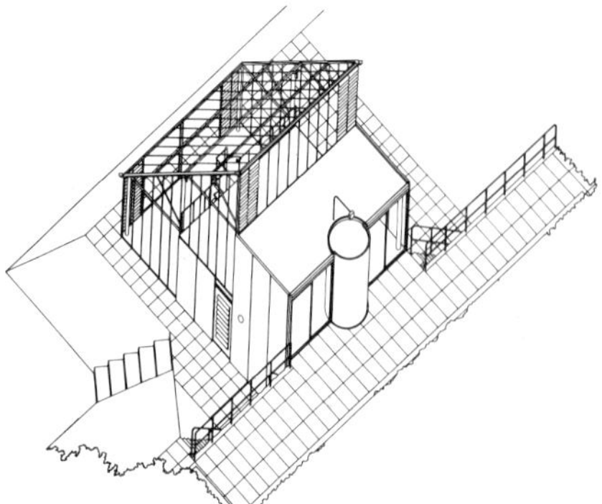

Naturgemäß gibt es eine Fülle von sogenannten Wochenend- und Ferienhäusern, und soweit sie sich vom üblichen Heim unterscheiden, erfüllen sie ihren Zweck zu einem gewissen Grad.
Das Haus Pillwood ist jedoch unverkennbar ein echtes Wochenend- und Ferienhaus. Das gedrängte Innere, das sich auf zwei Ebenen zu einem glasüberdachten Freiraum öffnet und in dem nur opaque Panels den privaten vom öffentlichen Bereich abgrenzen, ist von zu fragiler Flexibilität, um die Sicherheit eines Heims, in dem sich das tägliche Leben abspielt, zu bieten.

8. Die Nordseite.
9. Vorskizze.
10. Studien zum Handlauf an der Treppe.
11. Die Treppe mit dem frei geschwungenen Handlauf.

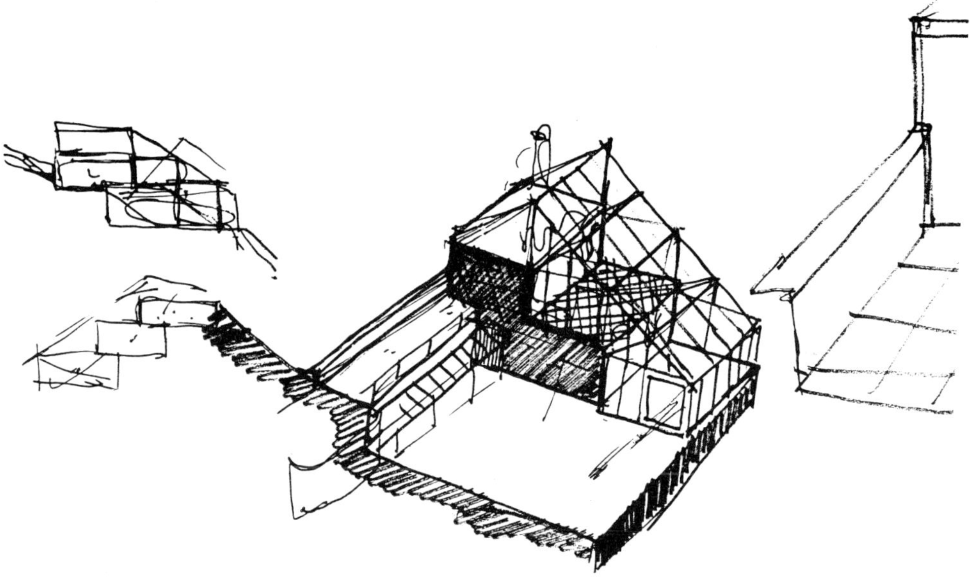

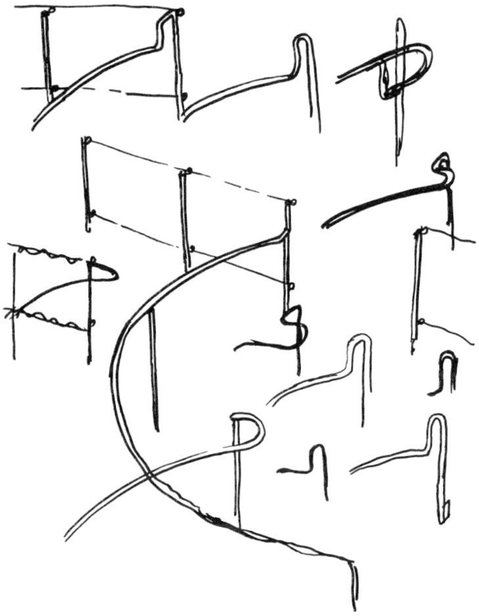

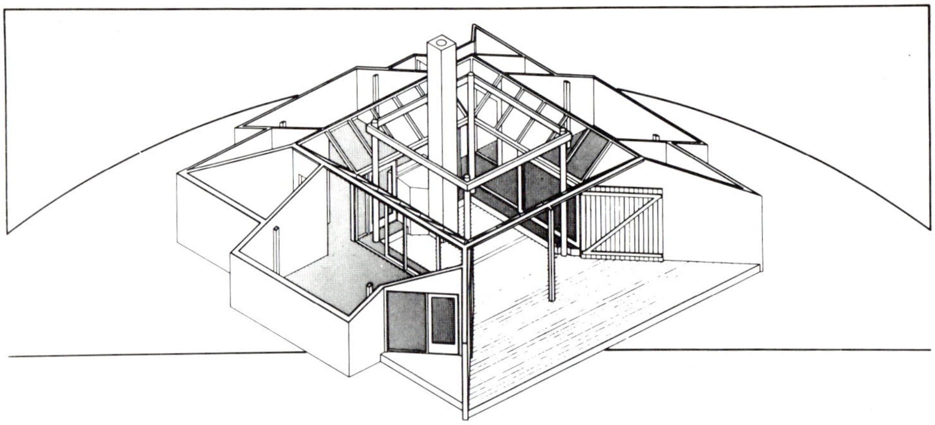

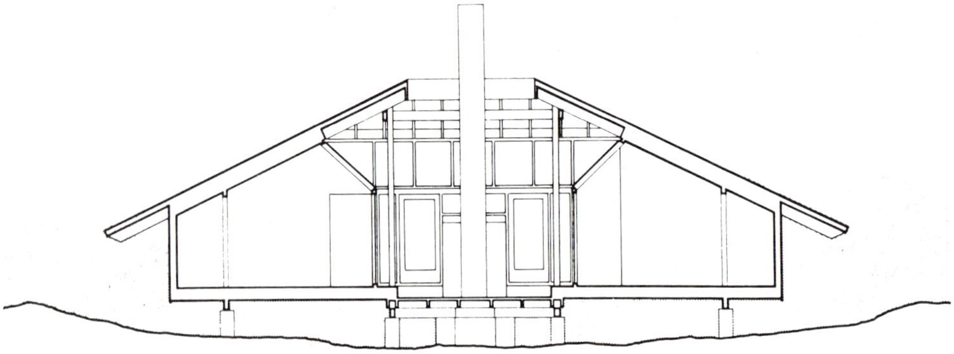

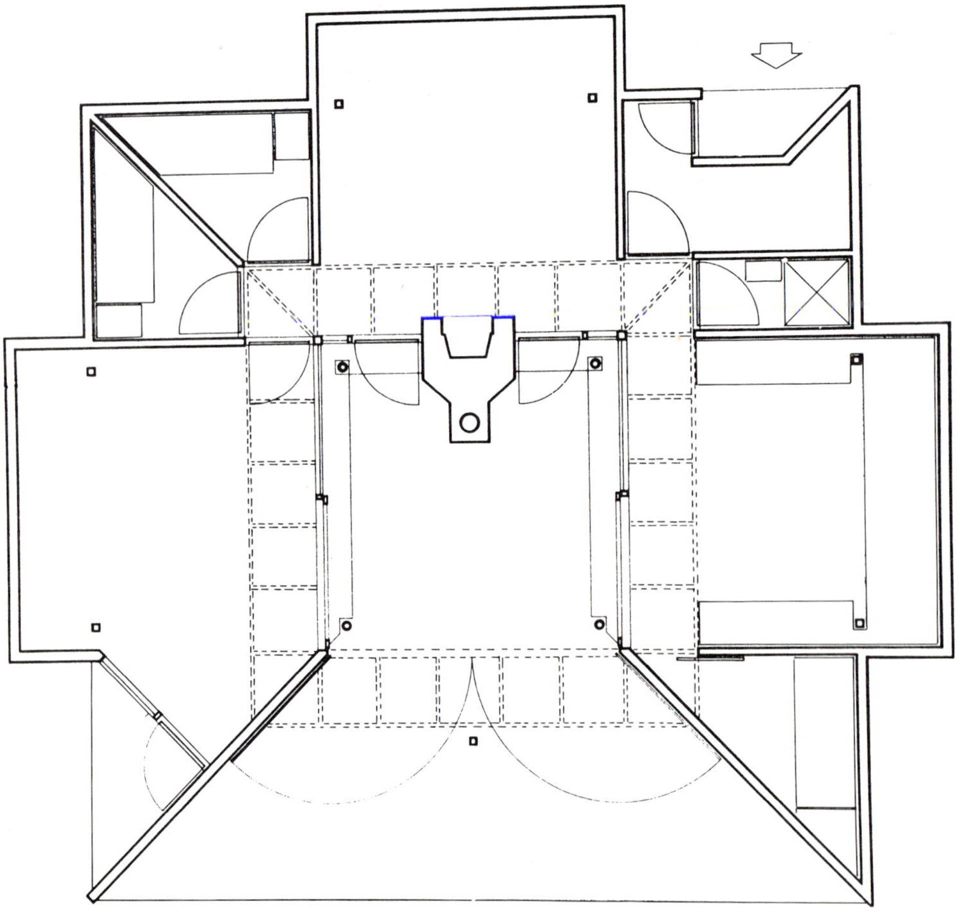

Haus in Risør, Norwegen, 1978

Architekten: Jan Digerud und Jon Lundberg

»Ein Nest assoziiert, wie jedes andere Bild von Ruhe und Geborgenheit, sogleich das Bild eines einfachen Hauses.« So Gaston Bachelard, der französische Philosoph, in seinem Buch *Poetik des Raumes.* Und wenn wir ihn weiter zitieren, dann tun wir dies in der Absicht, zum Kern der neuen humanistischen Architektur vorzustoßen: der Verbindung von persönlicher Geschichte mit der Geschichte der Zivilisation. »Ein Nesthaus kann niemals jung sein. Wenn man pedantisch sein will, könnte man sagen, daß es den natürlichen Ort des Wohnens darstellt. Wir kehren nicht nur zu ihm zurück, wir träumen sogar davon, zu ihm zurückzukehren, so wie ein Vogel zu seinem Nest oder ein Lamm zu seinem Pferch zurückkehrt. Dieses Zeichen der Rückkehr hat unzählige Tagträume zur Folge, weil der Mensch im großen Rhythmus des Lebens über die Jahre hinweg wieder und wieder zurückkehrt und die Abwesenheit durch den Traum von der Rückkehr kompensiert wird. Ein Anflug aufrichtiger Rechtschaffenheit schwebt über den verwandten Bildern Nest und Haus.« Diesen beredten Worten von Bachelard braucht nichts hinzugefügt zu werden. Bachelard erklärt, daß wir uns in die Geschichte versenken müssen, um ein Haus behaglich zu machen.

Wenn in der modernen Architektur für eine gewisse Zeit das Äußere lediglich als Resultat der Funktion des Innenraums betrachtet worden war, so hat nun der Kontext des Gebäudes wieder seine ihm zukommende Bedeutung zurückgewonnen. Und wenn bisher der geschichtliche Zusammenhang ausführlicher diskutiert wurde, so geschah dies der Einfachheit halber und nicht, weil der geographische Zusammenhang weniger bedeutsam wäre. Da die Pioniere die neue Architektur primär als internationale Erscheinung betrachteten, wichen sie nationalen oder örtlichen Einflüssen aus. Diese Einflüsse sind jedoch auch ein Teil unserer Vorstellung vom Haus als einem Nest. Schon Mackintosh befaßte sich mit dem Problem der Verbindung örtlicher Architekturtradition mit der modernen Bewegung, jedoch wurde dieser Aspekt seiner Arbeit vollkommen übergangen. Dies ist nicht weiter überraschend, lag doch darin die größte Bedrohung für die moderne Architektur, da man die Tradition als Gegenpol der Revolution verstand, die einer der Grundbestandteile der frühen Moderne war. Durch diesen Konflikt wurde das Haus zum faszinierendsten Schlachtfeld widerstreitender Interessen.

Das Haus in Risør von Jan Digerud und Jon Lundberg ist ein Holzgebäude, das in seiner

1. Axonometrie.
2. Schnitt.
3. Grundriß.
4. Blick in den Hof.

Konstruktion dem traditionellen Balloon frame der Vereinigten Staaten ähnelt, welches wahrscheinlich auf frühe norwegische Siedler zurückgeht, und es zeigt eine innere Verwandtschaft mit den Häusern von Robert Venturi und Charles Moore. Es ist seltsam, wie eine örtliche Tradition in einem weit entfernten Land unter ähnlichen geographischen Bedingungen verstanden und neu interpretiert wurde. Das Haus ist im Grundriß ein Quadrat, hat einen zentralen Kaminblock, der mit einem Hof kombiniert ist, und ein weitausladendes pyramidenförmiges Dach, durch das sich das Haus gut in eine Vertiefung auf der Kuppe eines hohen Felsens einfügt. Die Außenwände haben kaum Öffnungen, wodurch die Wand ihre ursprüngliche Funktion als Schutz gegen das Klima behielt. Im Inneren ist das Holztragwerk jedoch freigelegt, so daß das Licht über den zentralen Hof eindringen kann. Auf einer Seite läßt sich dieser Hof zum Meer hin und zu dem direkt angrenzenden Land durch scheunentorartige Türen öffnen. Im geöffneten Zustand liegen die Türen an schräg angeordneten und so die Außenwelt hereinholenden Wandflächen an. Wenn wir den Ort verlassen, nehmen wir den Eindruck von einem einfachen Haus – einem Nest nach Bachelard – mit, bei dessen Entwurf es gelang, die historischen und geographischen Konflikte zu lösen, ohne die moderne Bewegung zu verleugnen.

5. Das Dach als Hauptfassade.
6. Herabgezogene Dachschrägen bilden Außennischen um das Haus.

7. Konstruktive Details als dekorative Elemente.
8. Ein in der Dachfläche liegendes Oberlicht läuft um den Hof herum.

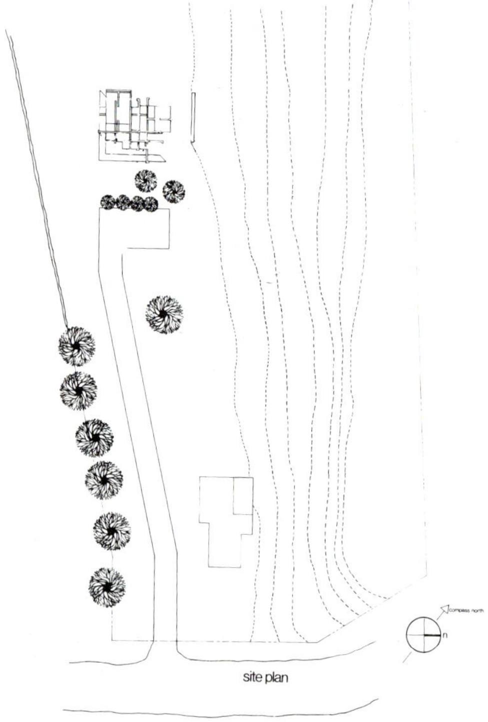

site plan

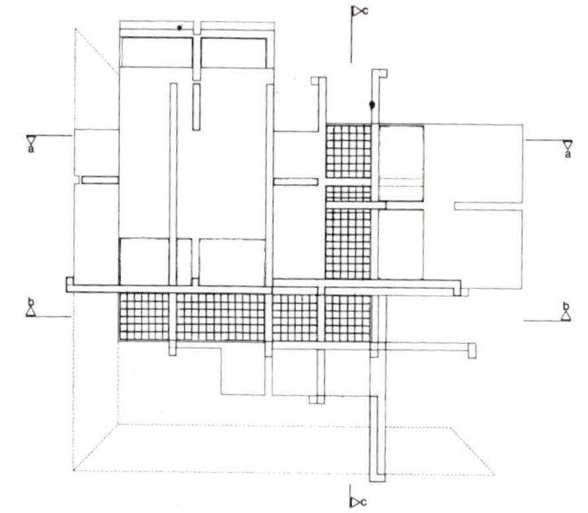

roof plan

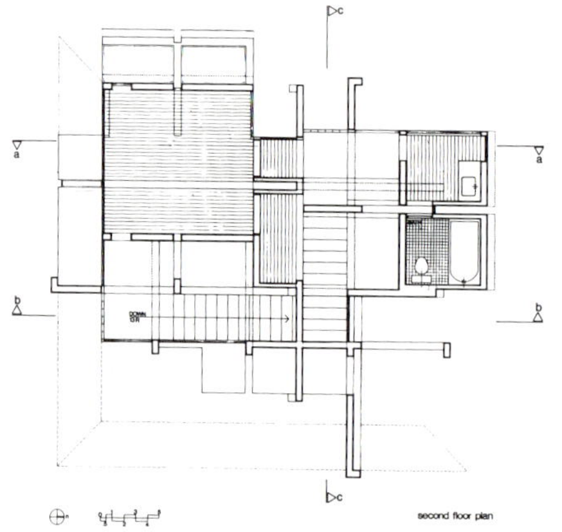

second floor plan

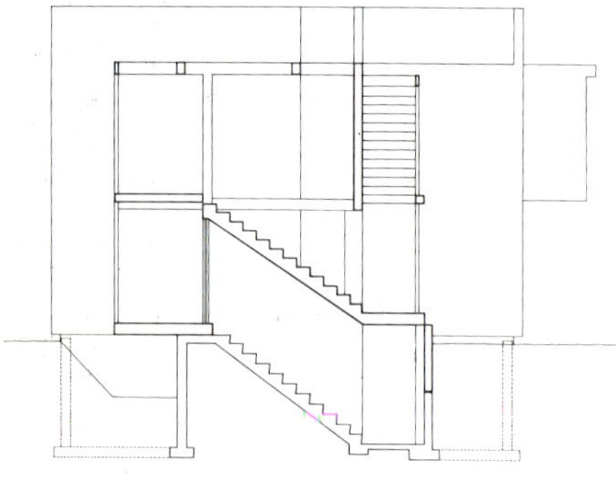

section b-b

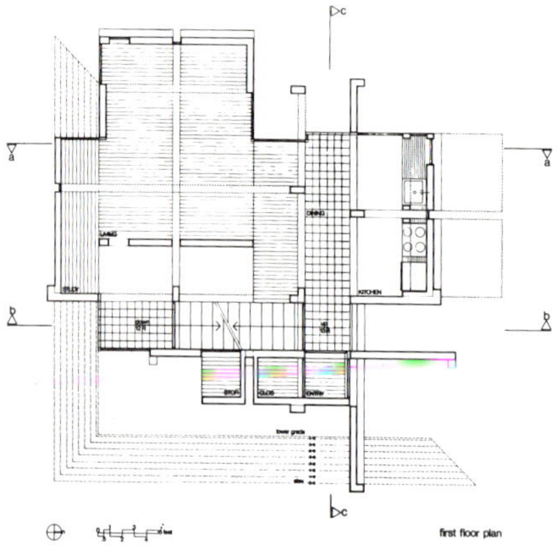

first floor plan

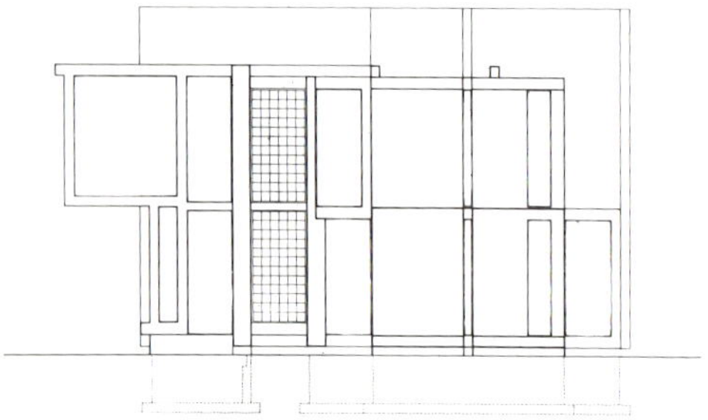

west elevation

Haus VI (Haus Frank), Cornwall, Connecticut, 1975
Architekt: Peter Eisenman

Die Bezeichnung »Haus VI« bindet das Haus in eine Werkfolge ein und lenkt damit das Augenmerk auf den Architekten, der sonst meist im Hintergrund bleibt. Selbst die Bauherren, die Familie Frank, nennen es »Peters Haus«, und in gewisser Weise haben sie damit recht, denn wie die Häuser anderer Architekten ist auch ihr Haus Teil eines Schaffensprozesses, der sich über mehrere Projekte erstreckt, die nicht unbedingt alle Wohnhäuser sein müssen. Auffällig ist hier, daß der Entwurfsprozeß noch am fertigen Haus ablesbar ist. Dadurch ist es möglich, das Haus sowohl aus den Intentionen des Architekten als auch aus der Wahrnehmung des fertigen Produkts zu erklären.

Die Erklärung des Architekten läßt sofort erkennen, daß das Haus als Objekt zu verstehen ist, denn Eisenman gehört zur intellektuellen Avantgarde, und seine Architektur hat programmatischen Charakter, wobei Funktion und Konstruktion weitgehend ignoriert werden.

Welches sind nun die Intentionen des Architekten? Ganz allgemein verwirft er das, was er die humanistische Basis der Architektur nennt, als nicht mehr gültig aufgrund der zunehmenden Komplexität der Funktionen und ihrer wesentlichen moralischen Kriterien. Dem sensiblen Modernisten geht es um die veränderte geistige Haltung zu seinen Arbeiten, die soziale, technologische und ästhetische Realitäten einbezieht und somit einen neuen kulturellen Standpunkt schafft. Der Humanismus, also der Mensch, steht dabei nicht mehr im Mittelpunkt. »Objekte«, so schreibt Eisenman, »werden als vom Menschen unabhängige Ideen betrachtet. Der Mensch ist, in diesem Kontext, eine diskursive Funktion in komplexen und bereits ausgebildeten Sprachsystemen, die er wahrnimmt, aber nicht konstituiert.« Nun wird auch klar, daß der Architekt des Hauses VI die Funktion immer als Nebenprodukt des eigentlichen schöpferischen Prozesses bezeichnen wird. Daraus erklären sich auch gewisse Ungereimtheiten etwa in der Anordnung der Wände, Stützen und Fenster sowie in der räumlichen Aufteilung – zum Beispiel ist das Badezimmer nur über das Schlafzimmer zugänglich. Bei diesem Haus sind nur Schönheit, Licht und Raum und unser Verhältnis hierzu wesentlich, der Preis dafür sind gewisse Unbequemlichkeiten.

Die spezifischen Ziele des Architekten gehen aus seinen eigenen Worten hervor: »Meine ersten vier Häuser waren im wesentlichen Va-

1. Lageplan.
2. Dachaufsicht.
3. Grundriß des Obergeschosses.
4. Grundriß des Erdgeschosses.
5. Schnitt.
6. Aufriß der Westseite.
7. Die Westseite.

riationen weißer Kuben, sie waren in sich geschlossene, eigenständige Gebilde. Was damals nicht deutlich wurde, war die Tatsache, daß bei diesen Häusern noch viele unbewußte Vorstellungen mitgewirkt haben, die sich bei näherer Betrachtung als kulturell bedingt erwiesen haben. Die Umkehrung dieser Vorstellungen beim Haus VI ermöglichte eine neue Betrachtungsweise zum Beispiel einer Fassade oder eines Grundrisses und erhellte einige bisher unklare Aspekte der Architektur.« Es geht hier um räumliche Beziehungen, die auf die Komposition von horizontalen und vertikalen Ebenen reduziert sind. Nach Eisenman ist für das Verständnis des Formenvokabulars der De-Stijl-Häuser und für deren horizontale Ausrichtung das Zentrum maßgeblich, während bei den frühen Häusern Le Corbusiers der Raum sich vom Rand her aufbaut, dieser nach außen hin und vertikal geschichtet ist; ferner seien die De-Stijl-Häuser auf eine Übereckbetrachtung, die von Le Corbusier hingegen auf eine frontale Betrachtung hin konzipiert. Das Haus VI ist der Versuch, die beiden Konzepte durch die Umkehrung der ihnen zugrunde liegenden Ideen miteinander zu verbinden. So findet sich beispielsweise ein verdichtetes Zentrum im Eingangsbereich, und die horizontale Bezugsebene orientiert sich an einem vertikalen Mittelpunkt (in der üblichen Architektursprache heißt das, daß im Erdgeschoß die Wände und Stützen scheinbar von der *Decke* hängen und sich nicht, wie es logisch wäre, von unten nach oben aufbauen). So weit zur Idee.

Die tatsächliche Form beruht auf zwei asymmetrisch angeordneten römischen Kreuzen, die so versetzt worden sind, daß Raum für zwei Treppen, eine tatsächliche und eine vorgetäuschte, entstand, wodurch sich eine Reihe von diagonalen vertikalen Achsen, geschlossenen und offenen, ergab, die zwei Richtungen aufnehmen, eine Hauptrichtung, in der Wohn- und Schlafraum, und eine zweite Richtung, in der Küche und Badezimmer angeordnet sind. Das ganze Gebäude vermittelt eine neue Raumempfindung, die wir nur losgelöst von unseren bisherigen Erfahrungen auf uns wirken lassen können. Das Ergebnis ist das ästhetisch außerordentlich angenehme Empfinden eines lichten, nicht endenden Raumes, das uns angesichts dieser neuen Erfahrung überwältigt. Wenn man im Haus hin- und hergeht, hinauf- und hinuntersteigt, erliegt man dieser Wirkung, und der Wunsch nach einer Erklärung schwindet. Betrachtet man das Haus von außen, löst sich die Verzauberung wieder, weil wie bei jedem Gebäude auch hier Gebäude und Grundstück als Einheit wahrgenommen werden. Das von Bäumen umgebene Haus sitzt recht gut im Gelände, genau über einer Senke. Die abstrakte Komposition von Flächen, Achsen und Bezugsebenen kämpft jedoch einen vergeblichen Kampf angesichts der unumgänglichen Tatsache, daß ein Gebäude Teil seiner Umgebung werden muß.

Es gibt noch eine weitere Realität in der Architektur, nämlich die Qualität der Bauausführung, und im vorliegenden Fall ist nichts von dem umgesetzt worden, was die Klarheit der Pläne des Architekten erwarten ließ. Zustande gekommen ist eine zweifelhafte Konstruktion mit krummen Horizontalen und Vertikalen und im Detail falsch angeordneten Anschlüssen, die bei weitem nicht der intellektuellen Qualität des Konzepts entspricht.

8. Der Raum unter der vorgetäuschten Treppe.
9. Blick von der Küche auf den Wohnbereich.

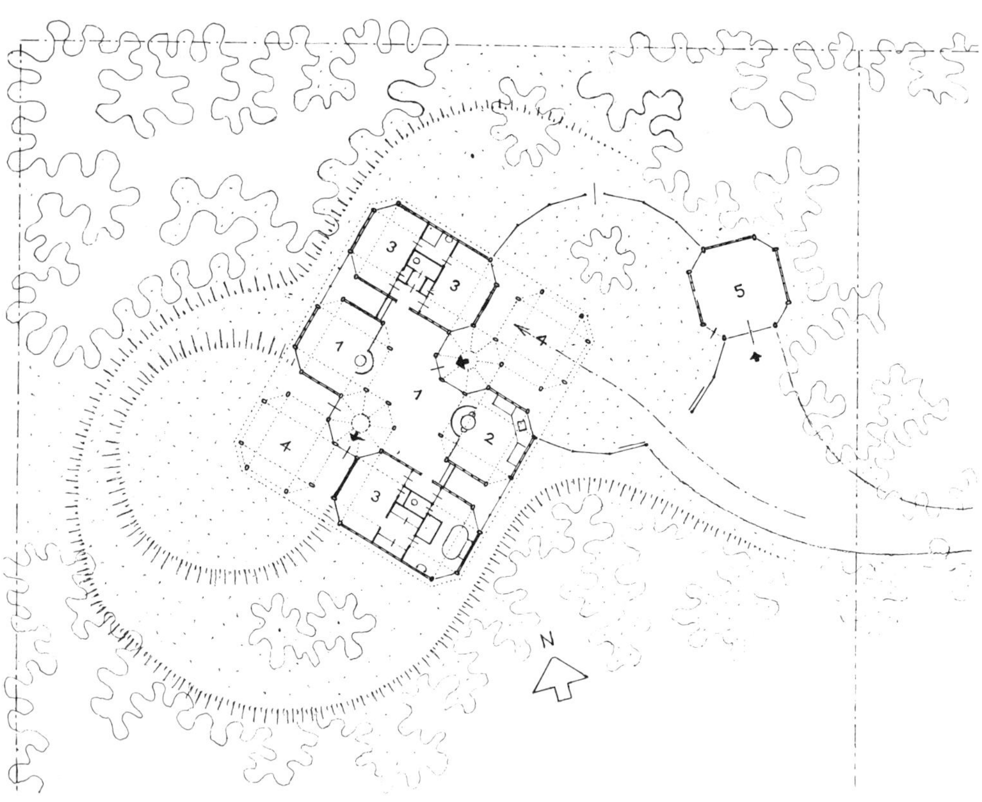

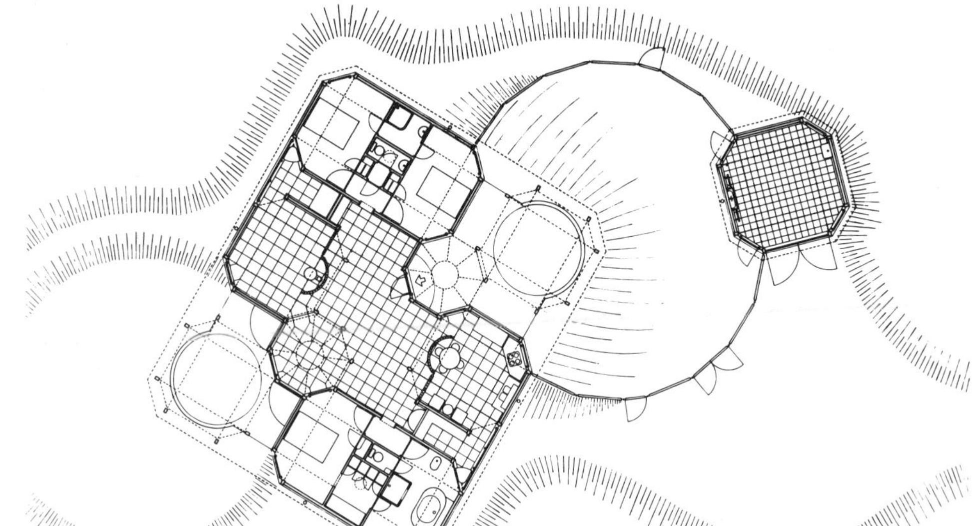

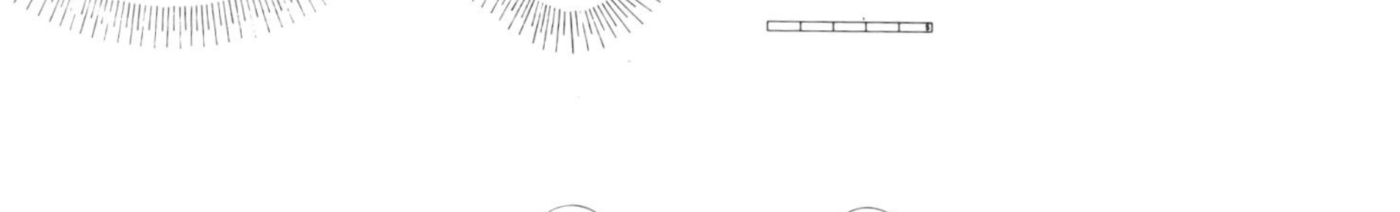

Haus Visser, Retil, Holland, 1980
Architekt: Aldo van Eyck

Aldo van Eyck sieht in der Architektur eine Dialektik zwischen Form und Nutzer und meint, daß die Form Raum für alternative Nutzungen läßt. Menschlichkeit wird so ein wesentlicher Teil eines besseren Funktionalismus. Aldo van Eyck klagt die »Rats, Posts und anderen Pests« (das heißt die reinen Rationalisten, die Postmodernisten und andere Pessimisten) an, daß sie diese Dialektik mutwillig in den Bereich manierierter, falscher Zitate aus der Geschichte verlagert haben und mit ihrer selbstsüchtigen, esoterischen Suche nach formalen, vom Nutzer losgelösten Statements Spannungen und Konflikte erzeugen. Dagegen Aldo van Eyck: »Geschichte, diese große, vereinende Erfahrung, ist im Gedächtnis verankert, um daraus lernen zu können und nicht, um sie aufzusplittern... Sie geht über die gemessene Zeit hinaus – sie ist menschliche Zeit – in der Weise, wie es der Augenblick ist.«

Polemiken wie diese haben in die Kritik wieder moralische Leidenschaften gebracht und auf den kreativen Prozeß selbst eingewirkt. Das mangelnde Verständnis für die Flexibilität der Funktion, die Formen zuläßt, die mehr als nur eine Bedeutung haben, führten viele Architekten in die Wüste leerer, eklektischer Formen. Aldo van Eyck gehört nicht zu diesen »falschen Propheten«.

Das Haus Visser ist hierfür ein Beispiel. Es behandelt die Dialektik zwischen Form und Nutzer, und der Raum ist gegenüber alternativen Interpretationen offen. Um den eigentlichen Unterschied zwischen innen und außen herauszustellen, wurde der formale Unterschied so weit verringert, daß der resultierende Raum mehrdeutig wird. Dies wird durch die Gleichsetzung der Struktur des Innen- und Außenraums durch das alles überdeckende rechteckige Dach erreicht. Sämtliche Ecken der Holzrahmenkonstruktion, sowohl die inneren als auch die äußeren, werden durch die gleichen senkrechten Stützen artikuliert. Die Ecken sind zusätzlich abgeschrägt, so daß vier statt zwei Stützen an der Verbindungsstelle zwischen Innen- und Außenraum nebeneinanderstehen. Die abgeschrägten Vierecke und Rechtecke sind durch türbreite Schlitze voneinander abgesetzt und bilden eine ausgewogene diagonale Komposition, wobei sie im Zentrum zwei achteckige Schlüsselräume einschließen, die die beiden tief eingezogenen, einmal zum Innenraum und einmal zum Außenraum gehörenden Eingänge kennzeichnen. Beide Eingänge werden durch achteckige Glasdächer betont. Die Fenster, die die

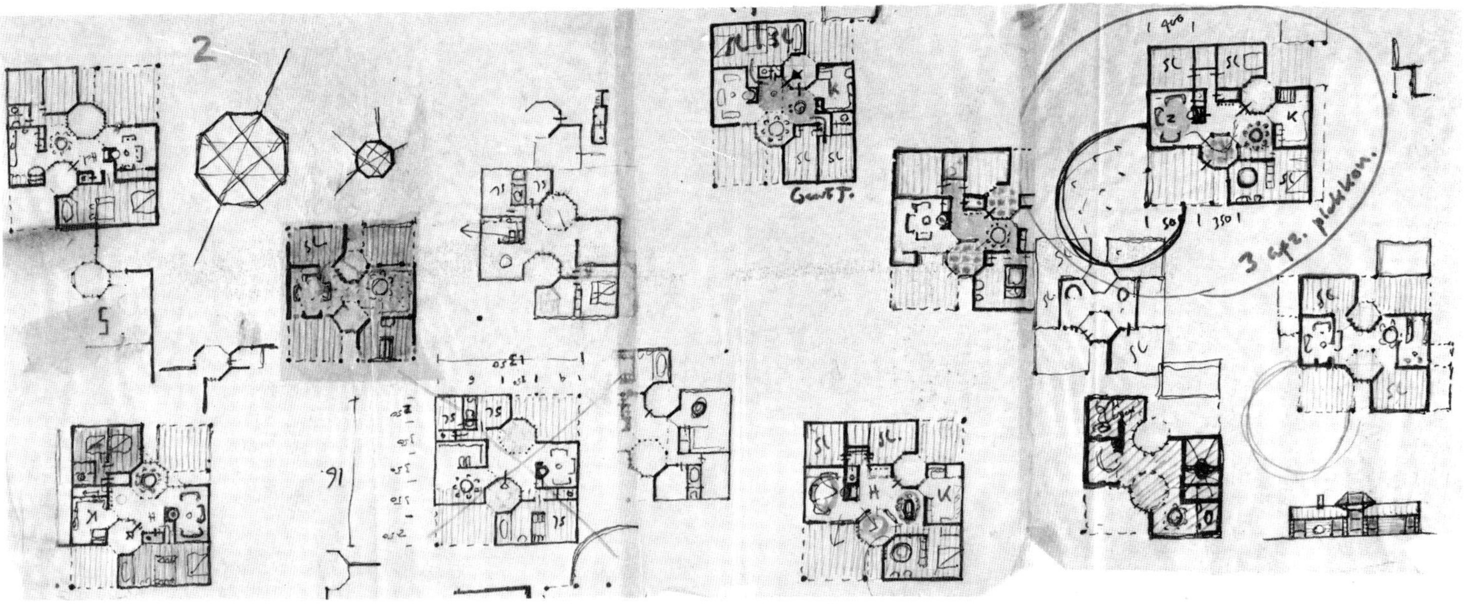

1. Lageplan.
2. Grundriß.
3. Schnitt.
4. Voruntersuchungen.
5. Blick vom Innenhof auf Haus und Garage.

6. Die Eingangshalle.
7. Detailansicht.
8. Einer der Innenräume.

Schlitze überbrücken, befreien den Raum von seiner Bindung an ein bestimmtes Zimmer und überlassen seine Bestimmung der freien Wahl des Nutzers. Der Wohnbereich fließt zwischen Bestimmtem und Unbestimmtem und bietet gemütliche Ecken für die ganze Familie, die je nach Laune und Alter zusammenlebt, wobei jeder die Freiheit des Individuums respektiert. Das Haus Visser vereinigt die Wärme des Herzens mit der Sicherheit des Geistes. Es ist ein Beispiel menschlicher Architektur, die ruhig und bestimmt sowohl das Pittoreske als auch den eklektischen Manierismus abgelehnt hat. Es demonstriert, daß sich die Moderne noch nicht überlebt hat, solange ein tieferes und umfassenderes Verständnis eines besseren Funktionalismus vorhanden ist und nicht verdrängt wird.

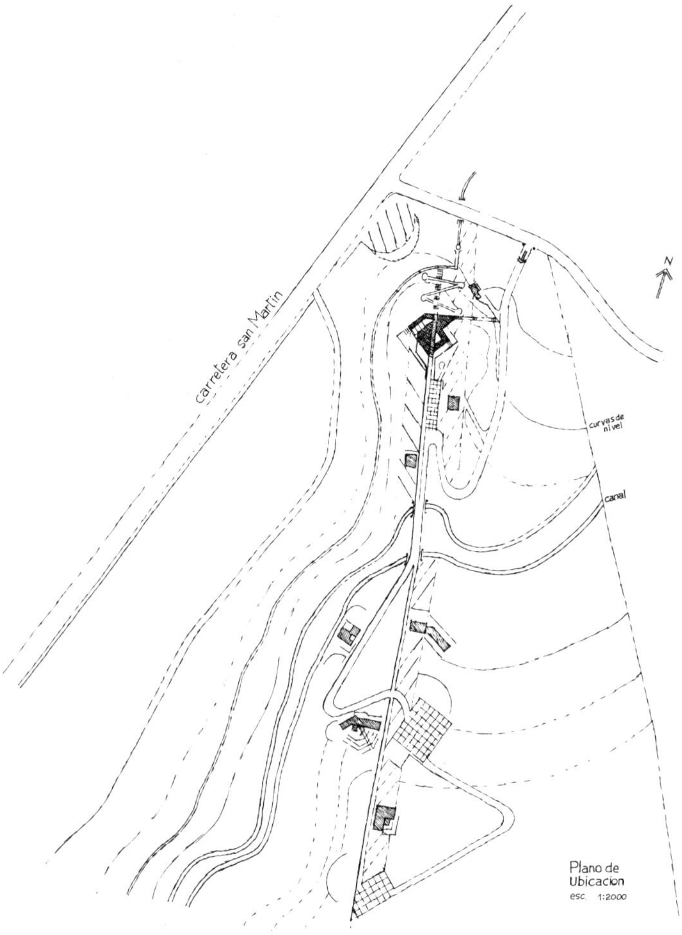

Haus Peña, Santiago de Chile, 1980
Architekt: Miguel Eyguem

Nur eine echte Minderheit hat den Wunsch, aus dem System auszusteigen. Sie reicht von den kalifornischen Wüstenbewohnern bis zu den verschiedenen europäischen Siedlergemeinschaften, und alle kleben an den Seiten des Do-it-yourself-Buches *The Last Whole Earth Catalog.* Obwohl man über die Motive streiten kann, sind sie nicht mit denen des Establishments zu vergleichen. Man muß dieser alternativen Kultur Respekt zollen, da ihr augenscheinliches Bekenntnis zur Bedürfnislosigkeit und zur Unbequemlichkeit eine Herausforderung gegenüber dem Totalitarismus der neueren ästhetischen Bewegungen darstellt, die den Anspruch erheben, eine bessere theoretische Basis zu haben. Während Buckminster Fuller die Technologie als unantastbar darstellte, verfahren die Ökologen genau umgekehrt. Sicherlich läßt sich ihr seit den siebziger Jahren gestellter Anspruch auf Gehör nicht mehr ignorieren. Auch wenn wir ihnen nicht zustimmen und nicht verstehen, was der Gesellschaft durch eine alternative Kultur entgegengeschleudert wurde, existiert sie nun einmal – wie die Liebe, die sich nach Rousseau jeder Erklärung entzieht.

Der Architekt Miguel Eyguem konnte den bekannten Entomologen Luis Peña für ein solches alternatives Wagnis gewinnen. Das Grundstück befindet sich auf einem Hügel mit weitem Ausblick über das kultivierte Tal und unbestelltes Land. Es inspirierte zu einem Entwurf, der die Spannung, die aus dem Kontrast zwischen der Weite der Umgebung und dem begrenzten Gelände auf dem Kamm des Hügels resultiert, formal aufnimmt. Die Form ist mehr keimend als ausgereift, und die Dürftigkeit der Mittel und des Materials liegt so dicht bei kultureller Wildheit, daß man mehr an eine abenteuerliche Aktion denkt als an eine Sicherheit vermittelnde Dauerhaftigkeit.

Nach Vitruv ist der Ursprung des Hauses in unbewaldeten Gebieten die Höhle, in Gebieten, in denen Holz zur Verfügung stand, eine zeltartige Hütte. Die Form des Hauses basiert auf diesen Ursprüngen. Die gekurvte Betonschale führt halb höhlen-, halb zeltartig über und um die verschiedenen Räume im Inneren des Gebäudes und gibt dem uneinheitlichen Ganzen räumliche Einheit. Darüber erstreckt sich ein Dach aus verzinktem Wellblech, das

1. Lageplan.
2. Grundriß.
3. Konstruktionsschema.
4. Schnitte.

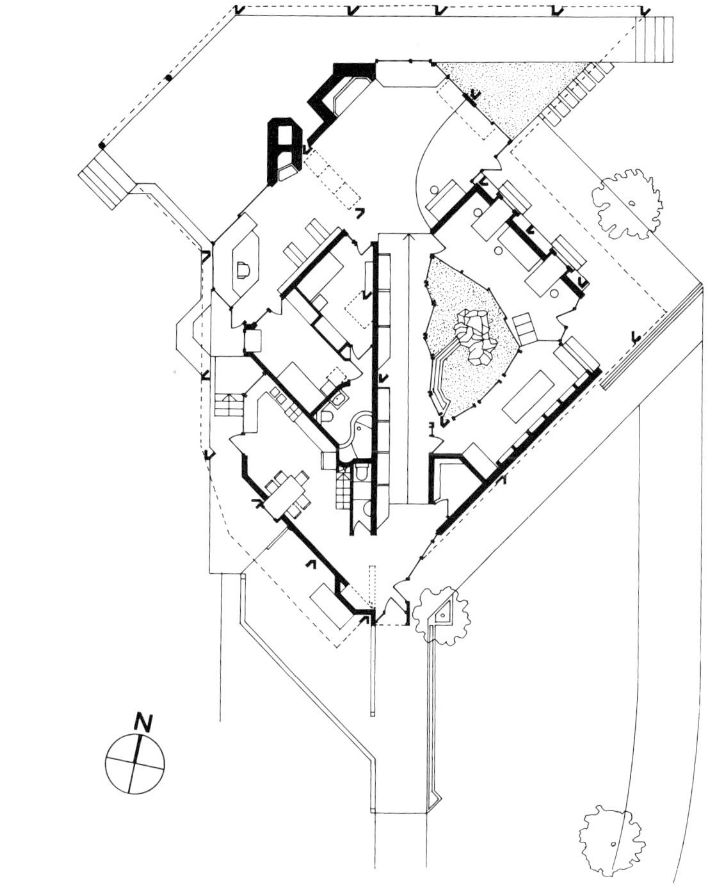
N

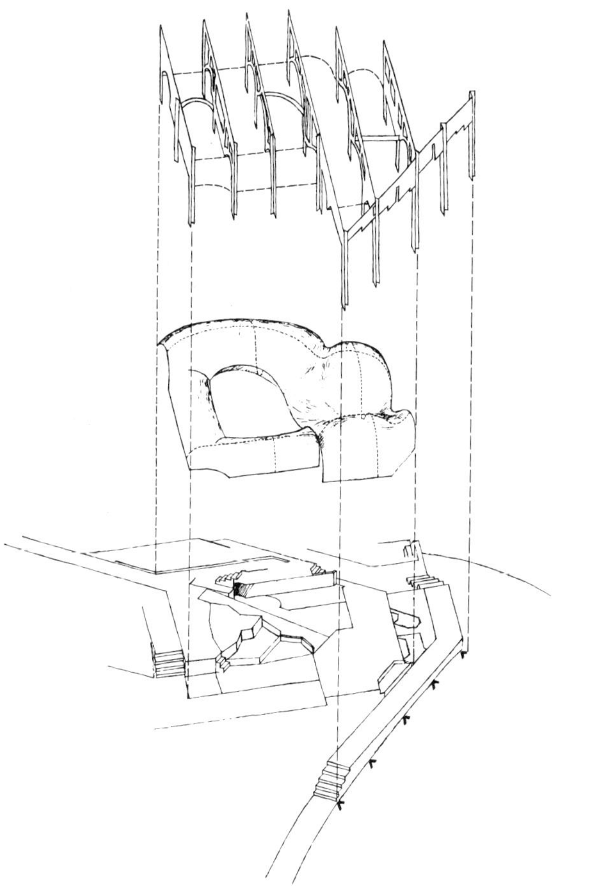

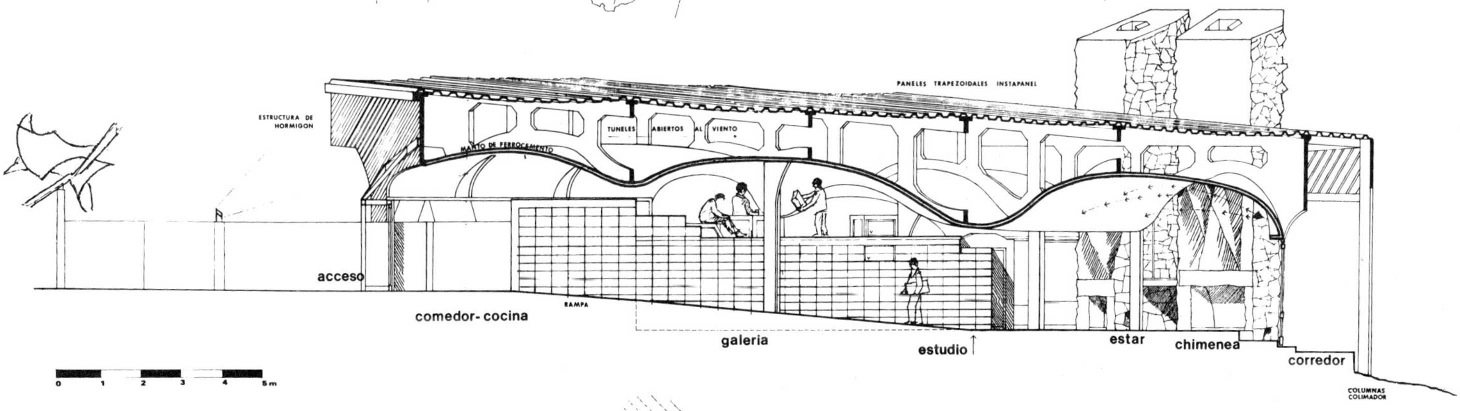
PANELES TRAPEZOIDALES INSTAPANEL
ESTRUCTURA DE HORMIGON
TUNELES ABIERTOS AL VIENTO
MANTO DE FERROCEMENTO
acceso
comedor-cocina
RAMPA
galeria
estudio
estar
chimenea
corredor
COLUMNAS COLIMADOR
0 1 2 3 4 5m

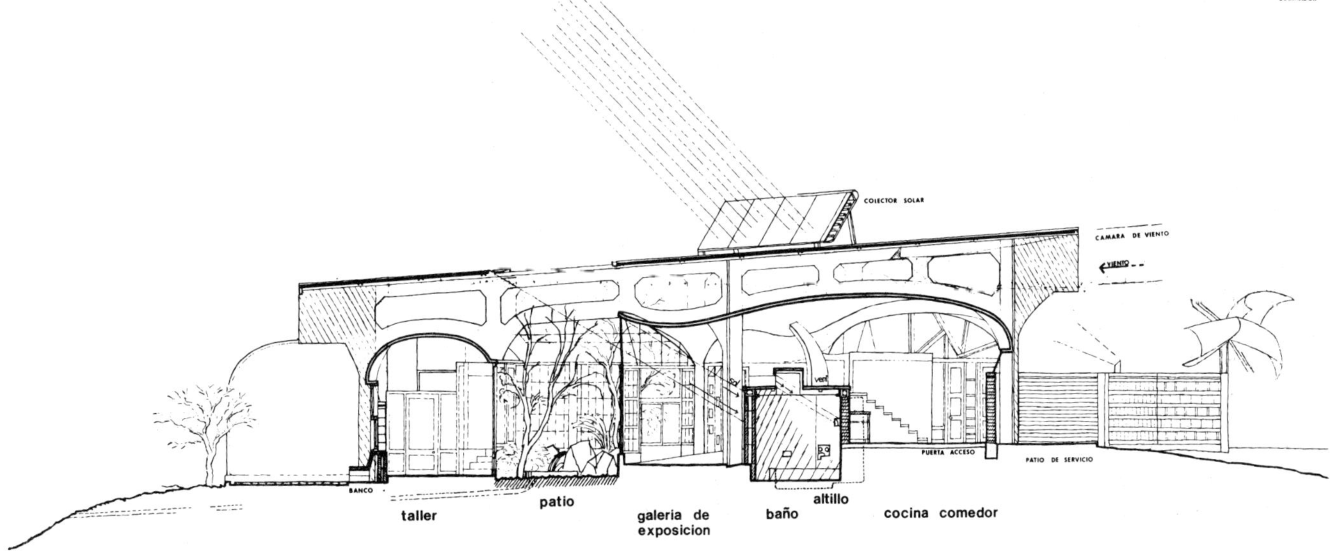
COLECTOR SOLAR
CAMARA DE VIENTO
VIENTO
PUERTA ACCESO
PATIO DE SERVICIO
BANCO
taller
patio
galeria de exposicion
baño
altillo
cocina comedor

die gekurvte Betonschale wie ein Schirm vor Regen und Hitze schützt, gleichzeitig aber Luft durchläßt und das Haus kühl hält. Die Wände sind aus dem Augenblick heraus entstandene Elemente, welche eine anarchische Freiheit des Entwurfs gestatten, der nur durch das Feingefühl des Architekten nicht ins Bizarre abglitt.

Der Grundriß ist nahezu quadratisch und wird durch einen diagonalen Durchgang unterteilt, der sich vom Eingang bis zum Begegnungsraum am anderen Ende erstreckt. Auf der einen Seite befinden sich die mehr privaten Bereiche wie Eßküche, Schlafzimmer, Gästezimmer, Badezimmer und Arbeitszimmer. Auf der rechten Seite sind die Zimmer der Arbeitsgruppen des Instituts für Entomologie untergebracht, die sich um einen kleinen Hof herum gruppieren. Im Durchgang selbst befindet sich eine Ausstellung der entomologischen Sammlung.

Die Dürftigkeit des Materials und der Mittel, die überwiegend der örtlichen Tradition entsprechen und nicht importiert worden sind, scheint wie ein Ausdruck der Ehrfurcht vor der Erforschung der Natur selbst. Auf diese Weise hat die Ehrfurcht vor dem Erhabenen wieder ihren Ausdruck auf dem Gebiet der Architektur gefunden. Jetzt, da wir die Funktion des Gebäudes kennen, erinnert es uns an ein architektonisches Insekt, das entwicklungsfähig und bereit ist, sich dem Menschen oder der Natur anzupassen.

5. Gesamtansicht.
6. Die Fassade des Studios.
7. Die das Tal überblickende Nordgalerie.
8. Das Studio.

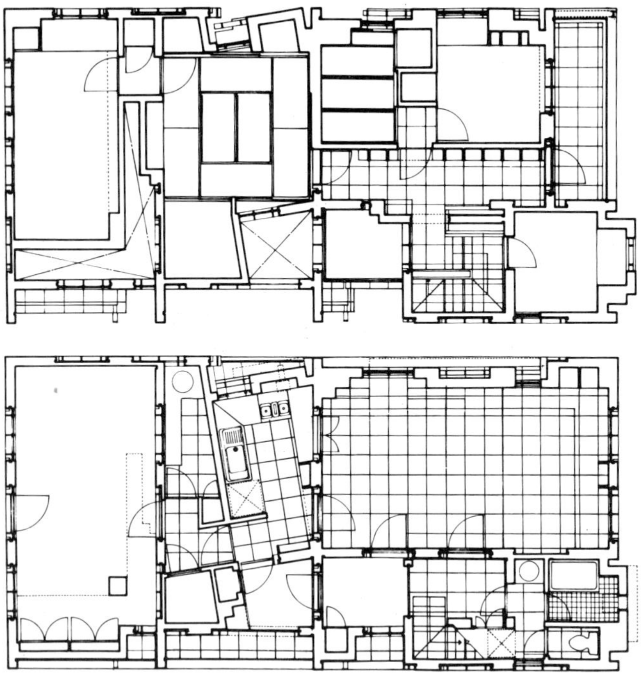

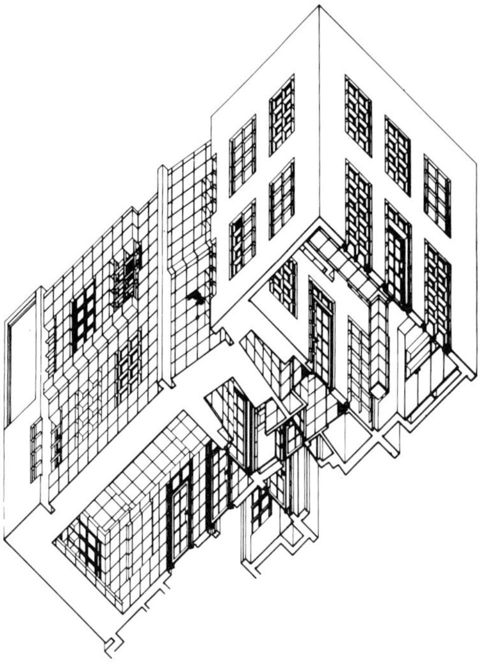

Haus in Chofu, Japan, 1980
Architekt: Hiromi Fujii

Zu den beständigsten Elementen der modernen Bewegung gehören der rechte Winkel und der Modul. Diese Elemente wurden entwurfsbeherrschend, ihre Verwendung war *die* Entwurfsmethode schlechthin. Als durch die industrielle Revolution das Patronat über die Architektur in andere Hände überging, weil sich die wirtschaftliche Macht der Aristokratie im privaten Bereich auf das Bürgertum und im öffentlichen Bereich auf die Bürokratie verlagerte, wandelte sich die Bedeutung des Architekten in der Gesellschaft allmählich, und aus dem kulturell-künstlerisch schaffenden Amateur wurde ein professionelles Instrument des Marktes. Zugleich zog ein mehr geschäftsmäßiges Verhalten und eine größere Arbeitsteilung in die Bauindustrie ein, wodurch der Modul als Orientierungshilfe für alle am Bauen Beteiligten unentbehrlich wurde. Natürlich läßt sich die moderne Architektur nicht ohne weiteres mit dieser Entwicklung gleichsetzen; es ist jedoch unbestritten, daß die klare gerade Linie den moralischen Stempel wissenschaftlicher Klarheit trug und mit funktionaler Qualität in Zusammenhang gebracht wurde.
Wie auch andere hat Hiromi Fujii dieses Phänomen keine Ruhe gelassen. Weit davon entfernt, die gerade Linie, den Modul und den Kubus, die ein Teil unseres Erbes sind, zu verwerfen, hat er sich sowohl mit den Einschränkungen auseinandergesetzt, die hierdurch gegeben sind, als auch mit den vielfältigen Entwicklungsmöglichkeiten, die bei objektiver Betrachtung dieser Elemente vorhanden sind. Obgleich die Gefahr besteht, daß es zu einem Verlust an Wohnkomfort kommt, wenn der Entwurf zu einem Haus einer solchen intellektuellen Auseinandersetzung unterworfen wird, ist dieses formale Experiment durch seine Kollision mit dem kleinmaßstäblichen und detailreichen Programm voller Leben. Daneben kommen aber noch andere Ideen zum Tragen, die ihr Spiel deshalb spielen können, weil ihr mehrfacher Ansturm auf das Gebäude durch die Strenge des visuellen Moduls gebändigt wurde. Die erste ist die tragende Schottenkonstruktion aus Beton. Die vordere Gebäudehälfte, die eine Apotheke enthält, hat zwei gleich weit spannende Decken zwischen parallel zur Straße verlaufenden Wänden, und die rückwärtige Gebäudehälfte hat ungleich weit spannende Decken zwischen senkrecht zur Straße verlaufenden Wänden. Die Konstruktion wird dadurch verdeutlicht, daß auf der Eingangs- und auf der Rückseite die Wände über die Außenhaut vortreten. Die auf den ersten Blick durch die weißgestrichene Fassade unterstrichene strukturelle Klarheit wird durch das regelmäßige Muster der Wandöffnungen in der Fassade gestört. Dieses Spiel des Überziehens der Fassade mit einer Komposition, die in keinem Zusammenhang mit den durch die inneren Funktionen erforderlichen Öffnungen steht, ist von den europäischen Manieristen des sechzehnten Jahrhunderts übernommen worden – ein nobler Rückgriff auf ein architektonisches Vokabular, das

1. Grundrisse des Erd- und Obergeschosses.
2. Axonometrie.
3. Die Hauptseite mit der Apotheke.

pharmacy
宮田ファーマシー
pharmacy

4. Die Eingangsseite.
5. Die Apotheke von innen.
6. Das Vestibül des Hauses.

die Aufgabe des Architekten nicht nur in der Verantwortung für die Erfordernisse des Gebäudes selbst, sondern auch für das Straßen- und Stadtbild sieht, das es mitformt. Zwischen diesen Erfordernissen besteht häufig eine so drastische Diskrepanz, daß ein Kompromiß nicht möglich ist. Hiromi Fujii hat es verstanden, die Erfordernisse von Innen- und Außenraum in Einklang zu bringen, und uns damit eine sehr interessante Richtung für formale Studien aufgezeigt. Bei den längeren Fassaden wird die Struktur in der Mitte durch ein drittes Element unterbrochen, da die Küche im Grundriß schräg gestellt ist. Durch diesen Einschnitt in die orthogonale Strenge der Fassade wird die Verbindung von Apotheke und Wohnung deutlich gemacht und die Unterbringung einer Reihe von kleineren Räumen ermöglicht.

7. Der Wohnraum.
8. Der Eßbereich mit der Küche im Hintergrund.

Haus Plocek (Haus Keystone),
Warren Township, New Jersey, 1977–79
Architekt: Michael Graves

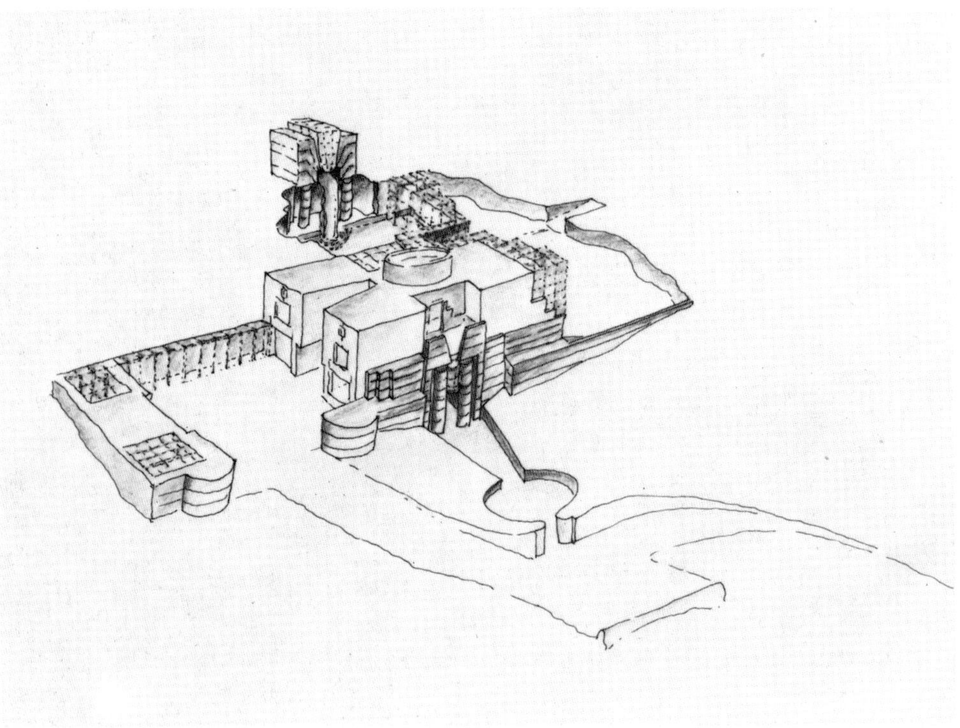

Et in Arcadia ego. Das Haus Plocek läßt keinen Zweifel daran. Auf einem schönen, bewaldeten Hanggrundstück erbaut, erinnert es an Vergils Vision eines einzigartigen Reichs reiner Glückseligkeit. Aber das Groteske des grottenartigen Eingangs des Gebäudes, das sich inmitten verstreut liegender Ruinen befindet, deutet auf das andere, ursprüngliche Arkadien Ovids in Griechenland hin, das als wild, primitiv und kunstlos beschrieben wird. Graves, Michael. Amerikaner: Ich bin in Arkadien. Darum haben wir Europa verlassen. Das wirkliche Amerika liegt jenseits von Manhattan, frei, inmitten der Graslandschaft. »Dies ist das Gras, das überall wächst, wo es Land und Wasser gibt. Dies ist die gemeinsame Atmosphäre, in der die Erdkugel sich badet.« Es ist das Land der Farmer und Landarbeiter, wo sich Städte für ihr Dasein zu entschuldigen scheinen. Die Freiheit, Individuum zu sein, ist der Schlüssel zum Verständnis des von seinen bäuerlichen Vorfahren geprägten amerikanischen Volkes. Farmhäuser sind Inseln inmitten der Felder, und ihre leichten Balloonframe-Konstruktionen sind der Inbegriff der nationalen amerikanischen Architektur. Dies sind die Wurzeln der amerikanischen Architektur im allgemeinen und der bemalten Architektur von Michael Graves im besondern. Aber der Zwiespalt eines Arkadiens zwischen Vergil und Ovid ist allgegenwärtig. Während der erstere aus der Erde und dem Menschen ein ekstatisches Bild des Frühlings formt, beklagt der letztere die kulturelle Leere und begibt sich auf eine nostalgische Suche über die Zeit und den Ozean hinweg.

Eine solche Nostalgie, und zwar gegenüber den formalen, nicht den sozialen, Ursprüngen der Moderne, erwachte in den späten sechziger und frühen siebziger Jahren mit dem Werk der New York Five, zu denen auch Michael Graves zählt. Aber Graves, der Künstler und Maler, steht der kubistischen Collage näher, und sein schöpferischer Impuls neigt mehr zu Anspielungen, zu Bildern voll von historischen Zitaten. Obwohl seine Architektur ein normales Programm zuläßt, erscheint dies angesichts der feierlichen Inszenierung des inneren und äußeren Schwellenbereichs wie zufällig. Das Schwellenthema ist beim Haus Plocek allgegenwärtig. Anstelle eines soliden Steinportals finden wir hier jedoch eine zerbrechliche Holz- und Pappkonstruktion, und der Schlußstein, das Symbol des Portals, ist ein Vakuum, das im Meer der Bäume hinter dem Haus untergeht.

1. Skizze von 1978.
2. Studien.
3. Das Haus während der Bauzeit.

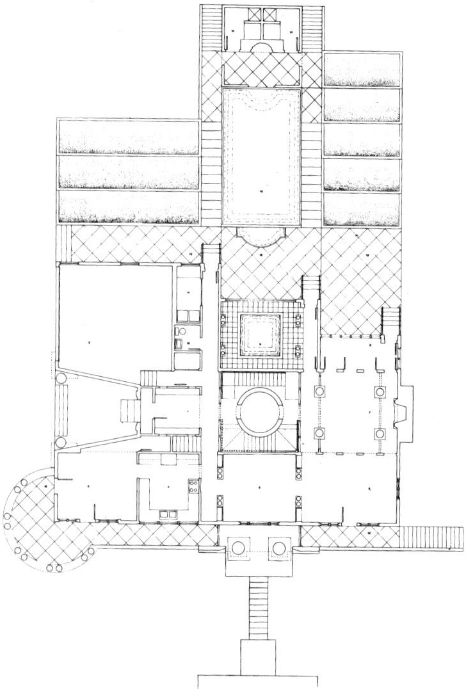

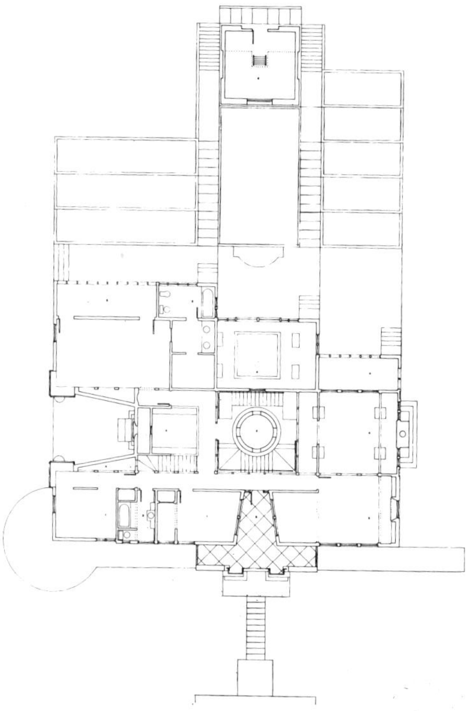

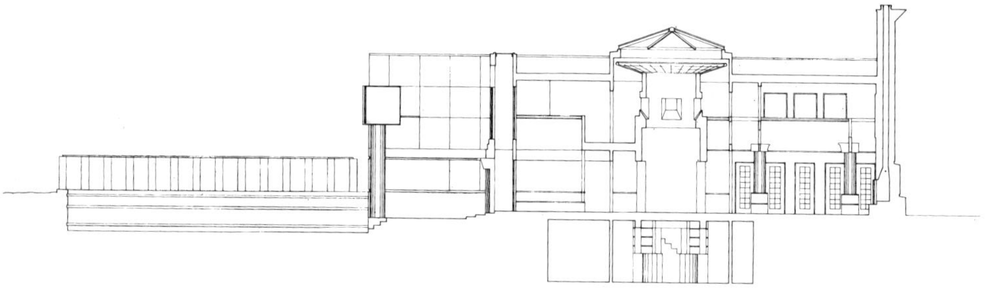

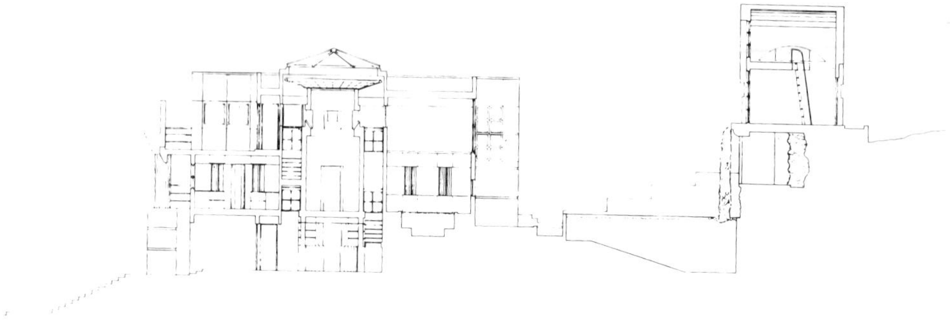

4. Grundriß des Erdgeschosses.
5. Grundriß des Obergeschosses.
6. Längsschnitt mit Eingangsbereich und Wohnraum.
7. Querschnitt mit Eingangsbereich und Treppenhaus.

Zeitgenössische Kritiker und Architekten werden wahrscheinlich im Haus Plocek die Arbeit eines Erzpriesters der Postmoderne sehen. Falls dies eine neue religiöse Richtung werden soll, kann man sicher sein, daß es sich um eine schreckliche Verirrung handelt. Graves, der fest auf dem Boden der amerikanischen Tradition steht, hält unerschütterlich an der persönlichen Freiheit des Individuums fest. Ihn zu kopieren, würde dieser Tradition zuwiderlaufen. Ihn zu begreifen, würde eben diese Tradition bereichnern.

Von der Front des Hauses Plocek überblickt man das bewaldete Tal, in das es sich einfügt. Die Zufahrt erfolgt über eine Lichtung, die in eine künstliche Terrasse längs des Hauses übergeht. Hier befindet sich der Alltagseingang, durch den auch die Lebensmittel vom Wagen zur Küche transportiert werden. Das Orpheussche Portal ist auf eine Wandscheibe vor der Stirnseite des Gebäudes gemalt und markiert zusammen mit den Säulen, die die Terrasse des offiziellen Eßzimmers begrenzen, die Mittelachse durch den Grundriß, die jedoch unterbrochen ist. Ein kleiner Eingang unterhalb führt durch den Keller zur zentralen Treppe.

Die Architektur macht hier von den unbegrenzten strukturellen Möglichkeiten Gebrauch, die die Balloon-frame-Konstruktion bietet, und wird so zum Nachahmer der Hollywood-Bühnentechnik, was letztlich gar nicht so unpassend ist. Nur die sehr persönliche Note des Architekten und Malers erhebt die Schöpfung schließlich in den Bereich amerikanischer Arkadienpoesie. Walt Whitman hat das letzte Wort:

»Ich vermache mich dem Schmutz,
um aus dem Grase, das ich liebe,
emporzutreiben;
wenn du mich wieder brauchst,
so suche mich unter deinen Stiefelsohlen.«

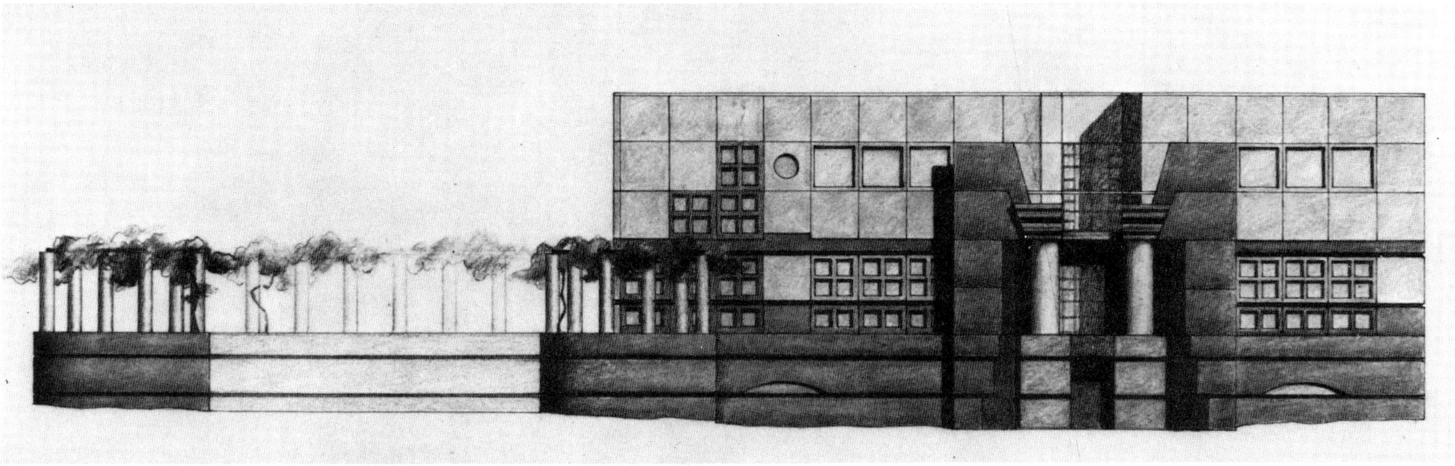

8. Aufriß der Eingangsseite.
9. Modell. Blick auf die Eingangsseite.

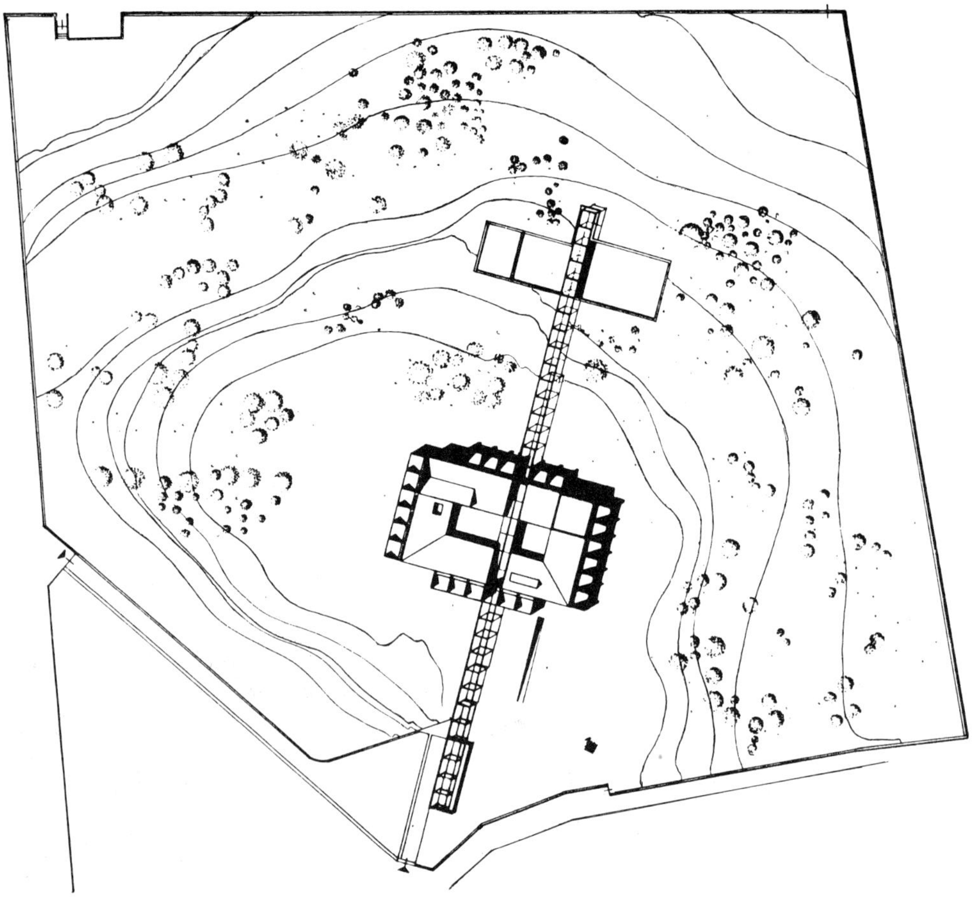

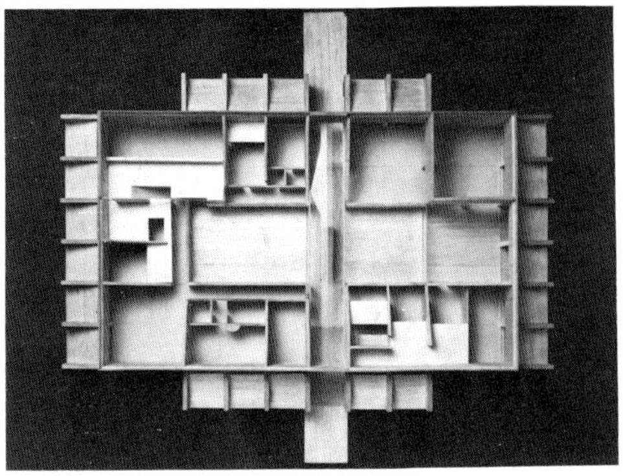

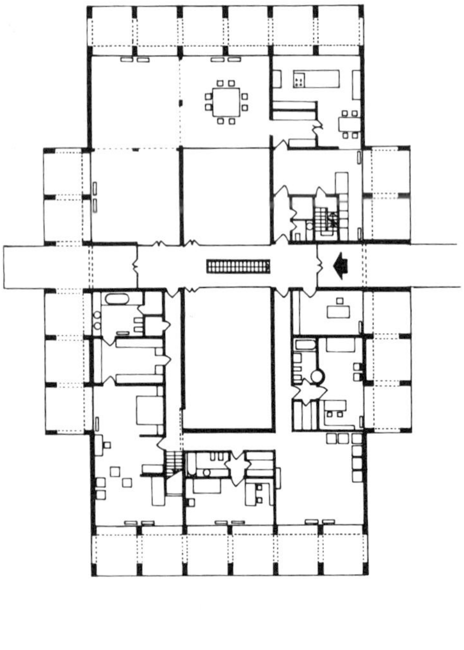

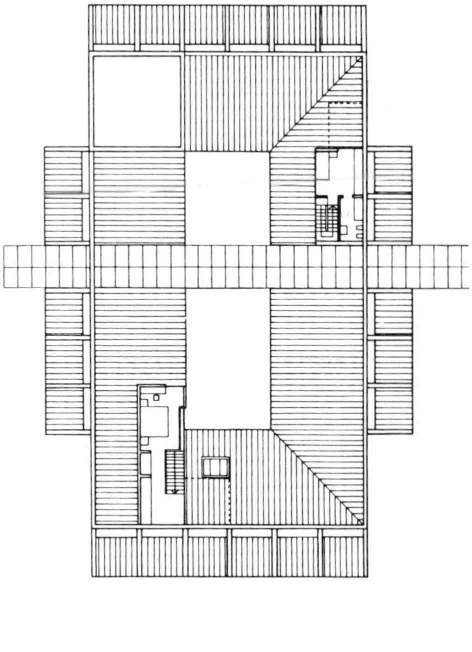

1. Lageplan.
2. Grundriß.
3. Dachaufsicht.
4. Modell mit Darstellung der inneren Struktur.
5. Luftansicht.
6. Der Ostteil mit den Schlafräumen.

Haus Belci, Oléggio, Italien, 1977
Architekten: Gregotti Associati

In den sechziger Jahren befaßte sich Gregotti angesichts des wirtschaftlich bedingten Nachkriegsrealismus in Italien, der nach den in den dreißiger Jahren abgelehnten Ursprüngen der Moderne forschte, erneut mit den Möglichkeiten der Art Nouveau. Dieser Rückgriff auf die Geschichte schockierte die erstarrende Moderne auf ähnliche Weise, wie es der New Brutalism in England tat. Anders als viele seiner Mitstreiter hielt Gregotti sowohl in seinen schriftlichen Äußerungen als auch in seinen Bauten an einem höchst anspruchsvollen Niveau fest, das niemals die wesentlichen Ziele der modernen Bewegung außer acht ließ – eine Architektur des Ortes, eine Architektur, die auf einer soliden theoretischen Basis ruht, aber im Hinblick auf den geographischen Kontext, das Programm und die wirtschaftlichen Möglichkeiten im wesentlichen pragmatisch verfährt, die als Bühne und Hintergrund für öffentliches Leben dient und deren Räume und Details der täglichen Nutzung entsprechen. Gregottis Gebäude, und dieses Haus bildet keine Ausnahme, stehen auf dem sicheren Boden der Geschichte.

Wie man den Plänen entnehmen kann, ist das Gebäude eine Variante eines Grundtyps – des mediterranen Innenhofhauses. Eine überdachte Passage führt vom Eingang im Norden bis zum Schwimmbad im Süden. Das Haus selbst wird so in klare funktionale Teile gegliedert. Auf der einen Seite befindet sich der private Bereich mit der Schlafraumsuite des Hausherrn, einer Wohnschlafgalerie für Gäste sowie zwei Kinderzimmern mit einem zwischengeschalteten Aufenthaltsraum, auf der anderen Seite der öffentliche Bereich mit Speise- und Wohnraum sowie den Serviceräumen, die in der Nordecke neben dem Eingang untergebracht sind. Die Dächer sind wie bei einem mittelalterlichen Kloster nach innen geneigt, wodurch das Haus nach außen hin ansteigt. Die Öffnungen sind durch eine Reihe durchbrochener Strebepfeiler verdeckt, die das Innere mit ihren separaten abgeschrägten Dächern vor dem Wetter schützen und die einzelnen Räume vom Außenbereich abschirmen. Die klassische Anordnung wird lediglich durch die Räume im Dachbereich und das erhöhte Flachdach über dem Wohnraum in der Südostecke des Gebäudes unterbrochen.

Die strenge Form wurde aus funktionalen Gründen etwas abgemildert, damit mehr Wohnkomfort entsteht. Es handelt sich um ein einfaches Haus mit subtilen Details, die eine Atmosphäre der Ruhe schaffen. Gregotti sagt dazu: »Das Haus ist eine ganz spezielle Form der menschlichen Behausung. Es vermittelt auf eine ganz ursprüngliche Weise die Vorstellung von Sicherheit, die dem täglichen Leben aus dem Gefühl heraus, an einer Stelle Wurzeln geschlagen zu haben, Kontinuität verleiht. Die Aufgabe des Wohnhausbaus ist die Versöhnung unseres Inneren mit der Existenz in der äußeren Welt.«

7. Der Westteil mit den Aufenthaltsräumen.
8. Die Südseite mit der durchgehenden Achse.

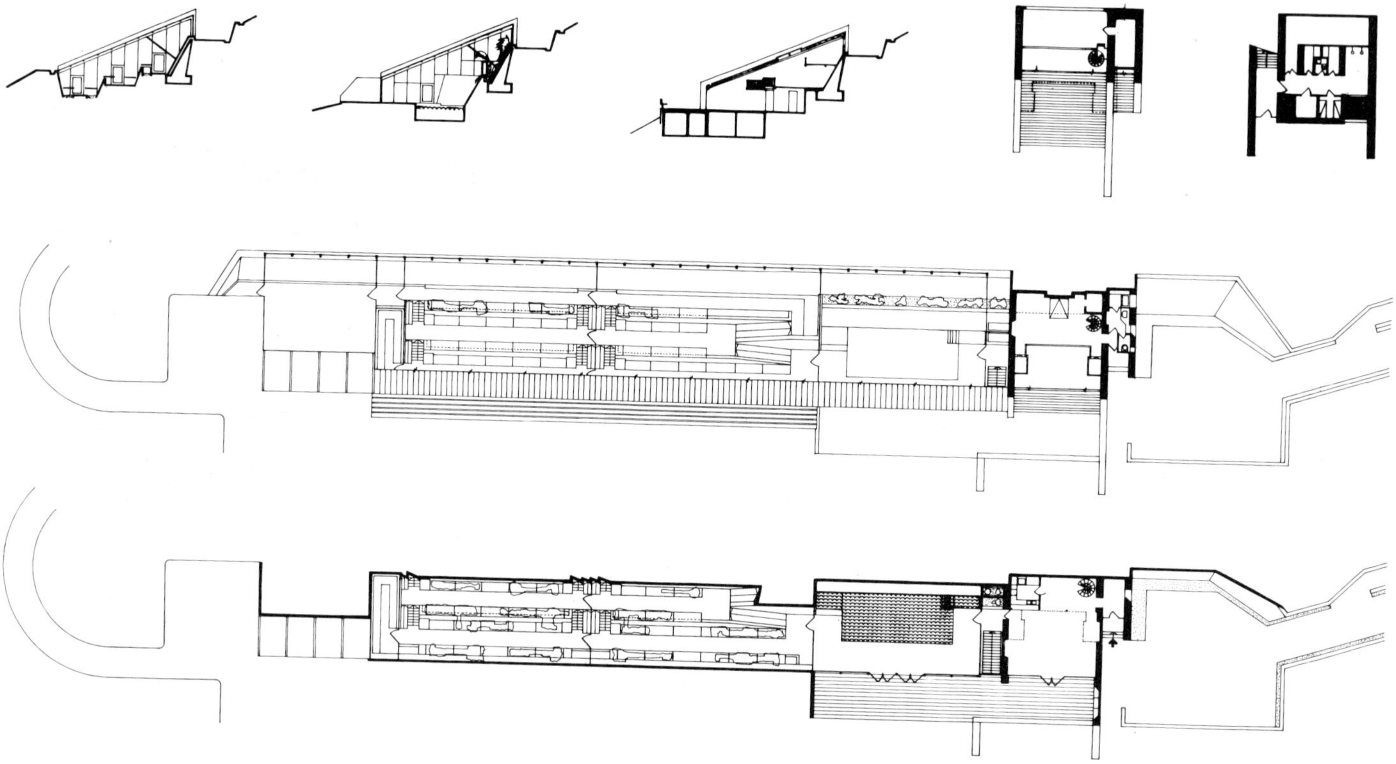

Haus in Reñarca bei Viña del Mar, Chile, 1979
Architekt: Christian de Groote

Die moderne Bewegung war ganz wesentlich an die Entstehung einer neuen Gesellschaft gebunden, und zwar unabhängig von deren politischer Basis, so daß sie mit der Neuen Welt, wo die Hoffnung auf die Entstehung einer neuen Gesellschaft immer ein Motiv für neue Ansiedlungen gewesen ist, eine glückliche Verbindung einzugehen versprach. In vielen Fällen kam es auch zu dieser Verbindung, und wenn es vielleicht auch an Differenziertheit mangelt, finden wir doch die zum Experimentieren erforderliche Risikobereitschaft, Vitalität und Phantasie in jedem Land vor.
Gerade in einem Augenblick, in dem die Länder der Alten Welt an der Basis der modernen Bewegung zu zweifeln beginnen, ist es besonders erfrischend, wenn man an unerwarteter Stelle feststellt, daß Lebendigkeit und Einfallsreichtum noch nicht verlorengegangen sind.
Wie bereits an anderer Stelle betont wurde, besteht die Aufgabe beim Entwurf eines Einfamilienhauses nicht nur in der Erfüllung des Raumprogramms des Bauherrn, sodern auch in der kontinuierlichen Beschäftigung mit der Form. Der Architekt sollte die sich hier bietende Möglichkeit, die formale Qualität in der Architektur zu verbessern, nutzen, damit ein erprobtes Vokabular entsteht, das zu gegebener Zeit seine Aufgabe in der Öffentlichkeit erfüllen kann. Das gilt für alle Einfamilienhäuser, unabhängig davon, wo sie entworfen und gebaut werden. Einer der interessantesten Gesichtspunkte beim Entwurf des Einfamilienhauses, der zudem wieder eine wichtige Rolle zu spielen beginnt, ist die Überlegung, daß dieses Teil eines größeren Rahmens ist, sei es Teil eines Ortes, Teil der Landschaft, Teil einer genauen geometrischen Studie, Teil der Geschichte oder, im engeren physischen Sinn, Teil einer anderen Funktion des Arbeits- oder Freizeitbereichs. Zur letzten Gruppe gehört das Bauernhaus, bei dem der Wohnbereich nur Anhängsel einer Reihe von Wirtschaftsgebäuden ist oder sich mit diesen unter einem gewaltigen gemeinsamen Dach vereinigt findet.
Christian de Grootes Haus bei Viña del Mar hängt wie beiläufig an einem langgestreckten Gewächshaus, das zu einem großen privaten Park gehört. Diese Unterwerfung der Erscheinungsform des Wohnhauses unter die des Treibhauses, die die übliche hierarchische Ordnung umkehrt, stellt nicht nur eine Hinwendung zum ökologischen Denken dar, sondern zugleich eine Abkehr von dem Haustyp, dessen Konzeption ausschließlich der »Primadonnen«-Rolle des Eigentümers und Architekten gerecht werden wollte. Das Gewächshaus im Garten als Gebäude zur Pflanzenzucht ist nichts Neues, die ungewöhnliche Verschmelzung von Wohnhaus und Wirtschaftsgebäude stellt jedoch einen Bruch mit der gesellschaftlichen und kulturellen Tradition dar, der allerdings auf so geschickte Weise vollzogen wird, daß er fast nicht wahrnehmbar ist. Wegen seiner Größe wurde das Gebäude in den zum Pazifik abfallenden Hang abgesenkt, um die Harmonie des von der Familie zu Beginn des Jahrhunderts angelegten Parks nicht zu zerstören. Das Glasdach folgt in seinem Gefälle der 20°-Neigung des Geländes, darunter befinden sich abgestufte Terrassen, die nicht nur die tropischen Gärten, sondern auch das Schwimmbad und das Haus durchziehen. Der besondere Akzent bei diesem Haus liegt nicht auf dem äußeren Erscheinungsbild, dessen Aufbau sichtlich schematisch ist, sondern auf dem bewußten Understatement, das dieser Konzeption zugrunde liegt.

1. Lageplan.
2. Die Dachfassade.
3. Das Gewächshaus.

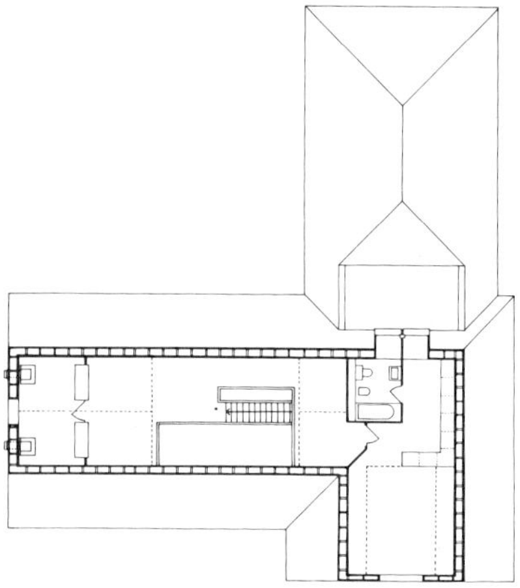

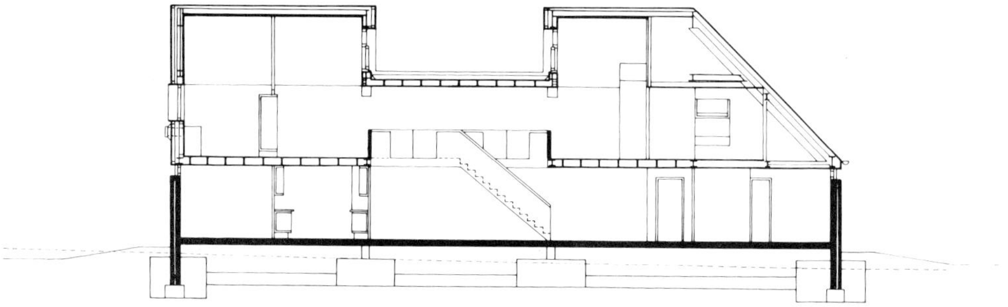

AA

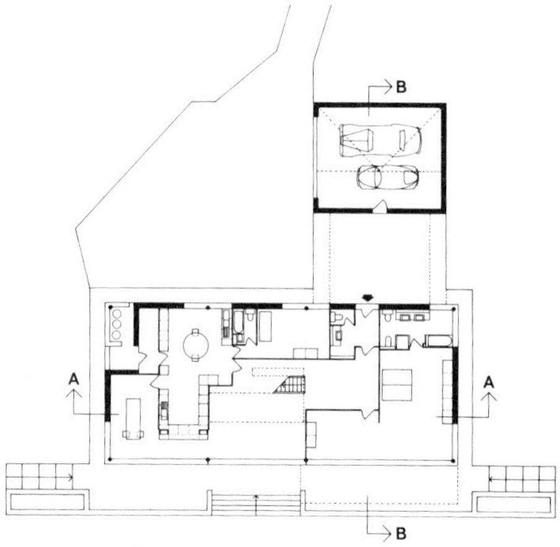

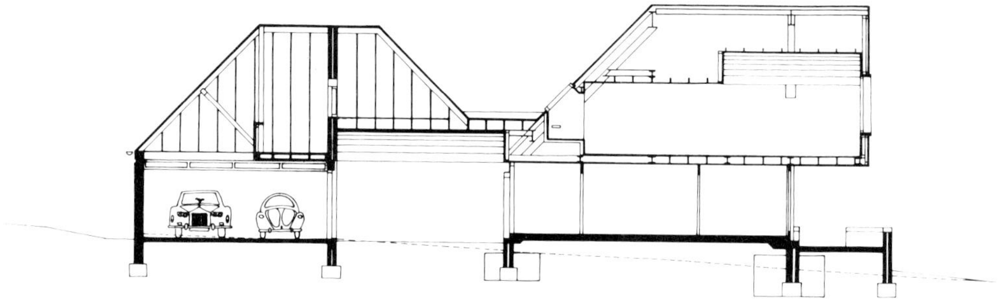

BB

1. Grundriß des Obergeschosses.
2. Grundriß des Erdgeschosses.
3. Schnitt.
4. Modell.
5. Die Nordostseite.

Haus Schreiber, Chester, England, 1980
Architekt: James Gowan

Nach Auffassung von Gaston Bachelard »ist ein Haus ein vertikales Objekt. Es strebt nach oben. Durch seine Vertikalität unterscheidet sich das Dach von der Irrationalität des Kellers.« Ein geneigtes Dach symbolisiert Geborgenheit. »Nahe unter dem Dach sind unsere Gedanken klar. Es ist ein Vergnügen, das offene Gebälk auf dem Dachboden zu betrachten. Der Keller verkörpert jedoch in erster Linie das dunkle Wesen des Hauses, das mit den unterirdischen Mächten in Pakt steht. Wenn wir dort ins Träumen geraten, erliegen wir der Irrationalität der Tiefe.« Naturgemäß denkt Bachelard an ein französisches Haus, wie Gowan an ein engliches denkt, aber beide sehen im Haus mehr als ein Gebäude, nämlich das sichtbare Ergebnis des Versuchs, ein Heim, einen Lebensraum zu gestalten, in den wir Tag für Tag zurückkehren, quasi in unsere eigene »Ecke der Welt«. Man kann den Entwurf von Einfamilienhäusern als einen unter-

geordneten Bereich der Architekturgeschichte betrachten, in Wirklichkeit stellt er aber für den Entwerfer die größte Herausforderung dar, bei der er sein ganzes Können unter Beweis stellen muß, wenn er alles bieten will, was erforderlich ist, um die Vorstellung einer anderen Person von deren ganz persönlicher Welt zu realisieren, eine Vorstellung, die angesiedelt ist zwischen Kindheit und Tagträumen und Schutz für etwas sucht, das drängender ist und mehr geschätzt wird als die Realität.

Das Haus Schreiber, das südlich von Chester mit Blick auf den Fluß Dee liegt, nimmt das von der Phänomenologie des bewohnten Raumes bestimmte Konzept mit einer Konsequenz auf, die in ihrer Einfachheit entwaffnend ist. Das Sinnbild des geneigten Daches ist stets der Giebel, und das L-förmige Dach über dem rechteckigen Grundriß ist so konzipiert worden, daß man sich der Ausdruckskraft des dreieckigen Giebels an keiner Stelle entziehen kann. Der Einschnitt in der Mitte des Daches unterstreicht die Klarheit des dem offenen Himmel nahen Dachgeschosses in einer über das Materielle hinausgehenden Weise. Die Garage hat ein separates Dach mit einem etwas niedrigeren First; dies verdeutlicht ihre dienende Funktion gegenüber dem bewohnten Teil, mit dem sie durch eine gemeinsame untere Dachkante verbunden ist, die in betonter Weise den geschützten vom schützenden Teil trennt. Als Verbindung zwischen den beiden Baukörpern dient eine breite, verglaste Vorhalle, die man bereits betreten hat, bevor man dazu kam, bewußt den Entschluß zu fassen, die Schwelle zu überschreiten. Obwohl der Innenraum die Transparenz eines einfachen Pavillons hat und mit dem Blick über die Terrasse und den Garten auch wie ein solcher wirkt, verdichtet sich das Haus zum Eingang hin, wo sich Serviceräume befinden, die den privaten Bereich im Inneren abschirmen. Das Gästezimmer liegt etwas abgetrennt hinter einem Vestibül, so daß man sich leicht vom gemeinschaftlichen Leben zurückziehen kann. Das Haus hat etwas von der Einfachheit eines ländlichen Wohnsitzes von Palladio, die ihm eine zeitlose Qualität verleiht. Die moderne Bewegung scheint hier so natürlich und selbstverständlich mit der Tradition zu verschmelzen, daß man sich wundert, warum so etwas nicht schon früher geschah. Gowan macht dort weiter, wo Lutyens aufhörte.

6. Die Südostseite.
7. Die Wohnhalle.
8. Detailansicht.

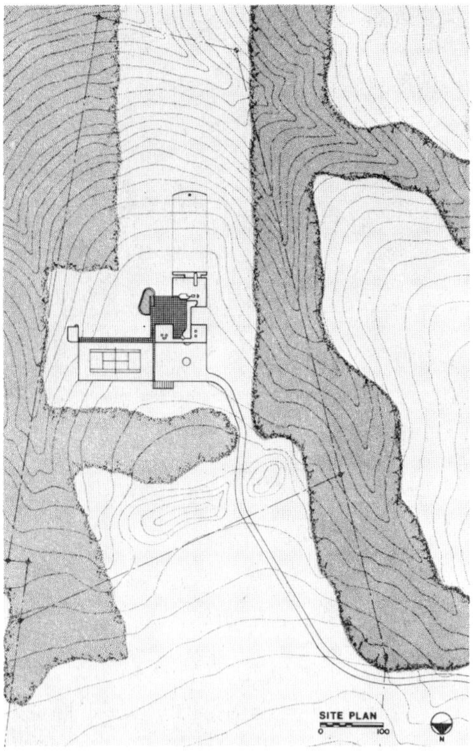

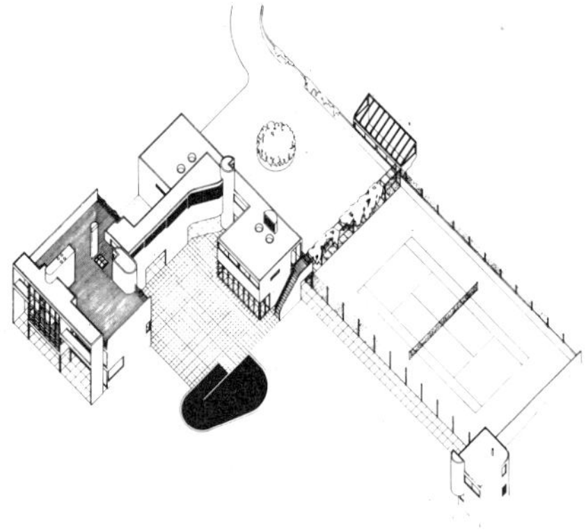

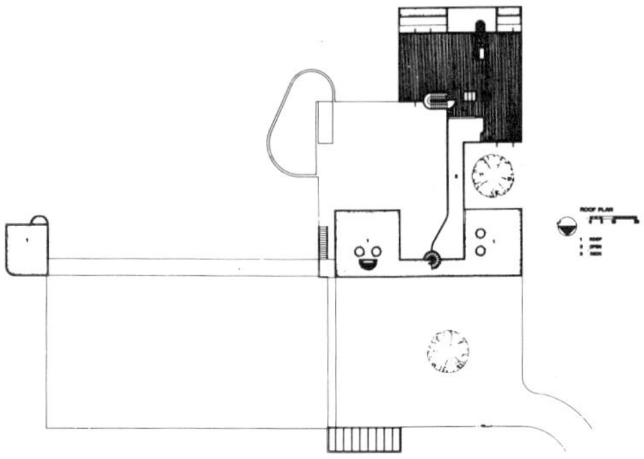

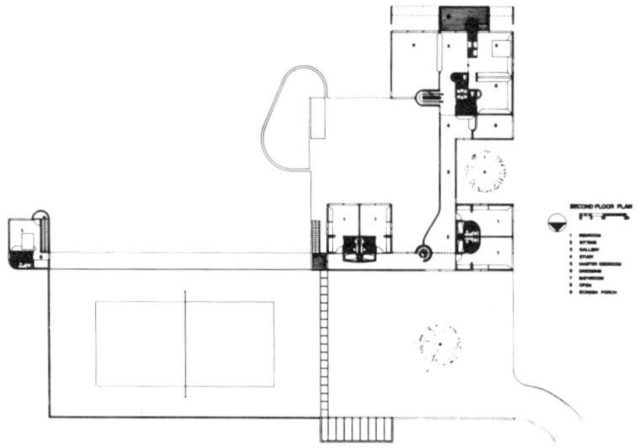

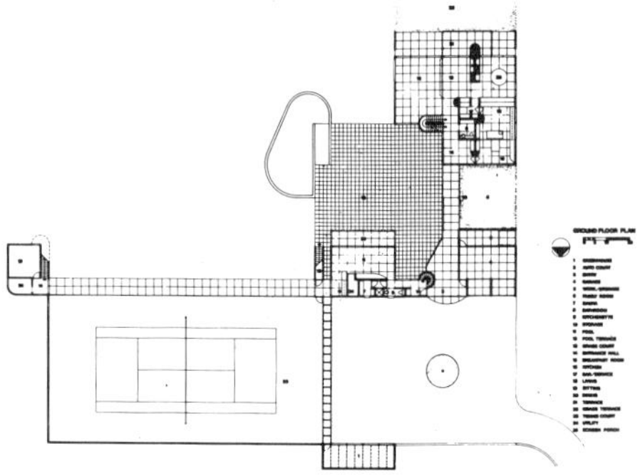

Haus Taft, Cincinnati, Ohio, 1978
Architekten: Gwathmey Siegel Architects

»Unsere Entwurfsauffassung beruht auf drei sich wechselseitig bedingenden Prinzipien: 1) Es gibt keine ästhetische Präkonzeption der Form. Jedes Programm bringt neue und unterschiedliche Informationen und Vorgaben mit sich. Die Form entwickelt sich aus der Grundstückssituation, der Orientierung, den klimatischen Verhältnissen, dem Programm und den technologischen Bedingungen. 2) Die wesentlichen organisatorischen Komponenten bei jedem Entwurfsansatz sind die Bewegungsabläufe, das Licht und die räumliche Klarheit. 3) In der Abstraktion sind alle Gebäude ähnlich, daher ist auch der Entwurfsprozeß bei spezifischen Programmen ähnlich.«
Dieses Zitat von einem Neorationalisten und Neopuristen aus der Gruppe der New York Five klingt kurios und bei näherer Betrachtung widersprüchlich. Die erste Aussage ist kaum glaubhaft, teilweise auf Grund des offensichtlich selektiven Formenvokabulars, das der Architekt verwendet – flache Dächer, Zusammenprall von streng geometrischen Formen –, und teilweise auf Grund seiner dritten Aussage, die impliziert, daß hinter seiner Konzeption Geschichtsbewußtsein steht. Doch Gott bewahre, wenn wir die Architekten nach ihren Aussagen beurteilen wollten. Charles Gwathmey ist ein Mensch aus Fleisch und Blut, und sein Engagement für die Behausung des Menschen mildert die Schärfe seines Intellekts. Die klare Objekthaftigkeit, die für Gwathmeys frühere Häuser charakteristisch war, ist immer seltener geworden, und in einigen Fällen ist ein konfuses Erscheinungsbild die Folge. Beim Haus Taft scheint sich jedoch seine frühere Disziplin wieder durchgesetzt zu haben. Das später entstandene Wohnhaus auf Long Island bestätigt dies.
Die formale Entwicklung des Hauses Taft geht auf zwei unterschiedliche, nicht voneinander trennbare Quellen zurück, zum einen auf den Entwurfsprozeß und die Erfahrung des Architekten auf seinem erklärten Experimentierfeld und zum anderen auf seine persönliche Interpretation der durch das Grundstück und das Programm vorgegebenen Bedingungen. Ersteres basiert auf Gwathmeys Bewunderung für das Werk Le Corbusiers und, nach Auffassung des Kritikers Kenneth Frampton, für die reinen euklidischen Formen Louis Kahns, angereichert durch »abgewandelte Raumthemen des Shingle Style, in denen sich die räumlichen Überschneidungen Le Corbusiers mit von Frank Lloyd Wright ... und sogar von Rudolf Schindler übernommenen Elementen verbinden«. Die spezifischen Vorgaben beim Haus Taft waren ein von Bäumen umrandetes Hanggrundstück mit Blick nach Süden und Zugang von Norden und ein Programm, das an das Haupthaus angeschlossene, jedoch

1. Lageplan.
2. Axonometrie.
3. Dachaufsicht.
4. Grundriß des Obergeschosses.
5. Grundriß des Erdgeschosses.
6. Die Ostseite.
7. Die Südseite.

für sich stehende Kinder- und Gästehäuser, ein Gewächshaus sowie einen Tennisplatz forderte.

Da keine »vom Menschen geschaffenen« kontextuellen Elemente vorhanden waren, entschieden sich die Architekten ganz bewußt dafür, mehr einen Ort als ein Objekt zu schaffen. Im Einklang mit dem Programm lösten sie die Baumasse in einzelne, miteinander verbundene Gebäudeteile auf, die den Eindruck einer dörflichen Gebäudegruppe erwecken und bei denen die entstehenden Freiräume nicht nur für die Form des Hauses, sondern auch für den Charakter der unmittelbaren Umgebung bestimmend sind. Das Haus wird so beiläufig ein Mittel zur Domestizierung der Landschaft, die zwischen Garten und freiem Land schwebt. Man wird an Edwin Lutyens erinnert, der ähnlich vorgegangen ist, speziell bei seinen Landsitzen Grey Walls und Deanery Garden.

Das formale Abenteuer, das funktionale Gewebe auszustrecken und die Wand in Fassadenschichten aufzulösen, hat die Sensibilität für das Konzept des umschlossenen Raumes erhöht, da die Grenzen aufgehoben werden und an deren Stelle eine lockere Folge von einzelnen Gebäudeteilen tritt, wodurch das häusliche Territorium hier und dort durch seine Umschließungen hindurch ablesbar wird.

8. Das Studio.
9. Die Treppe.

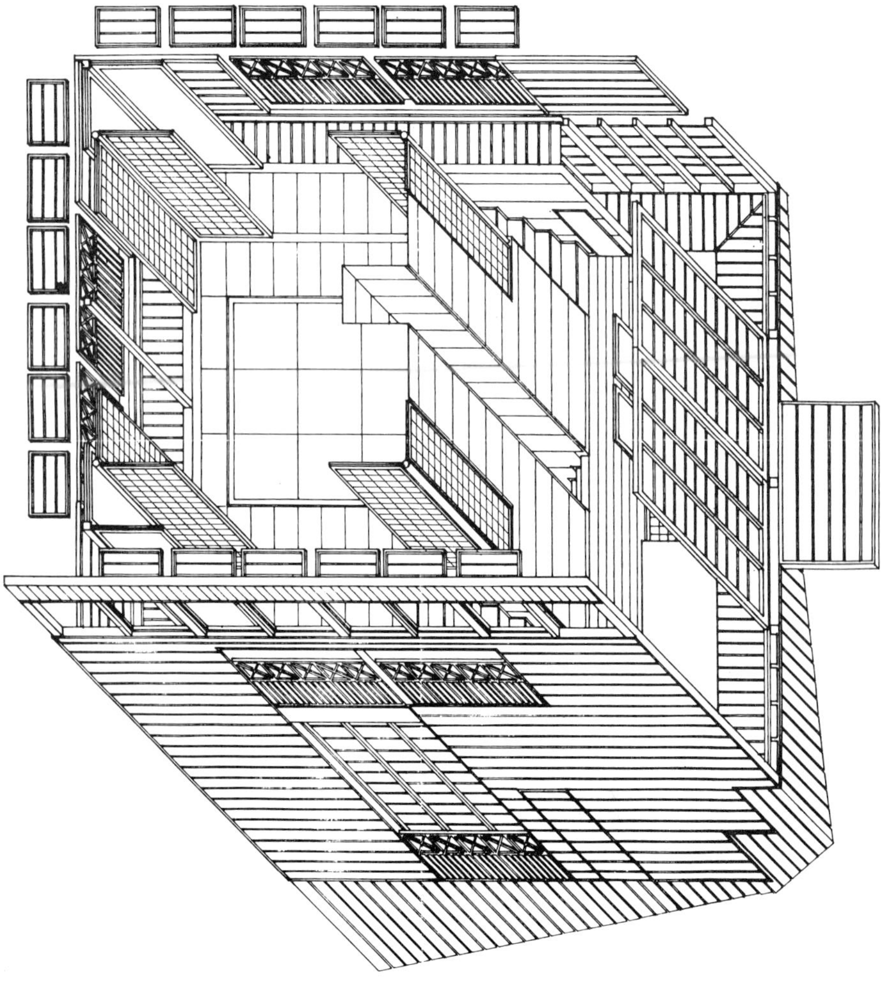

Haus Kudo, Karuizawa, Japan, 1976
Architekt: Hiroshi Hara

Bachelard sagt: »Wenn sich die Einsamkeit des Menschen vertieft, berühren sich zwei Unendlichkeiten und werden eins.« Die beiden Unendlichkeiten, von denen er spricht, sind der Privatbereich und die Außenwelt. Er zitiert Rilkes Betrachtungen über die Unermeßlichkeit des Raumes um und innerhalb eines Baumes, der keine Grenzen kennt. Es ist vergeblich, den Raum an Hand eines Baumes definieren zu wollen, weil dieser mit seinen Ästen und Zweigen das Außen und das Innen verschmilzt. Ein Baum hat keine Schwelle, sie existiert nur für ein Kind, das sich an den untersten Ast hängt, um sich vom Boden hochzuziehen, und auch dann nur für einen kurzen Moment durch das Tun des Kindes. Dieser Augenblick des Übergangs von einer Unendlichkeit in die andere ist so bedeutungsschwer, daß der Punkt, an dem man sich zu entscheiden hat, ob man hinein- oder hinausgehen, hinein- oder hinausschauen will, daß also die Öffnungen und die geschlossenen Teile der schützenden Wände eines Gebäudes »der Kern der Architektur« sind, wie Hiroshi Hara sagt.
Die Geschichte des Verhältnisses zwischen der Intimität des Heimes und dem Universum draußen, der Furcht vor oder Liebe zu der Natur, sei sie streng oder freundlich, aber mehr noch der zwischenmenschlichen Beziehungen, ist an den in die Wände geschnittenen Türen oder Fenstern ablesbar. Die Proportionen und die Harmonie zwischen geschlossenen Flächen und Öffnungen in der Außenwand können auch durch einen genauen Code festgelegt sein, der die Position oder den »Standort« des Gebäudes in der Hierarchie der jeweiligen politischen Macht, die die Kultur zu diesem Zweck benutzt, signalisiert. Dies ist jedoch nicht der Fall beim Haus Kudo. Es ist ein faszinierendes Gebäude, und in der Gestaltung der Schwelle, der Grenze zwischen innen und außen, kommt es Rilkes Baum näher als etwa der Palazzo Farnese in Rom. Die Schwelle erscheint kleiner, durch ihre Addition. Eine Fassade in der Fassade. Die geschlossene Fläche ist als abgeschirmte Öffnung ausgebildet, und die Öffnung wird von einer dichten Balustrade zusammengehalten und durch Schiebeelemente der geschlossenen Fläche, die eine abgeschirmte Öffnung ist, versperrt. Das ganze Haus gleicht einem Tempel, in dem sich die beiden Unendlichkeiten berühren, und die symmetrische Bewegung in die tiefe Abgeschiedenheit des japanischen Raumes steigert noch die Förmlichkeit des Ganzen.

1. Lageplan.
2. Axonometrie.
3. Blick von Südwesten auf das Haus.

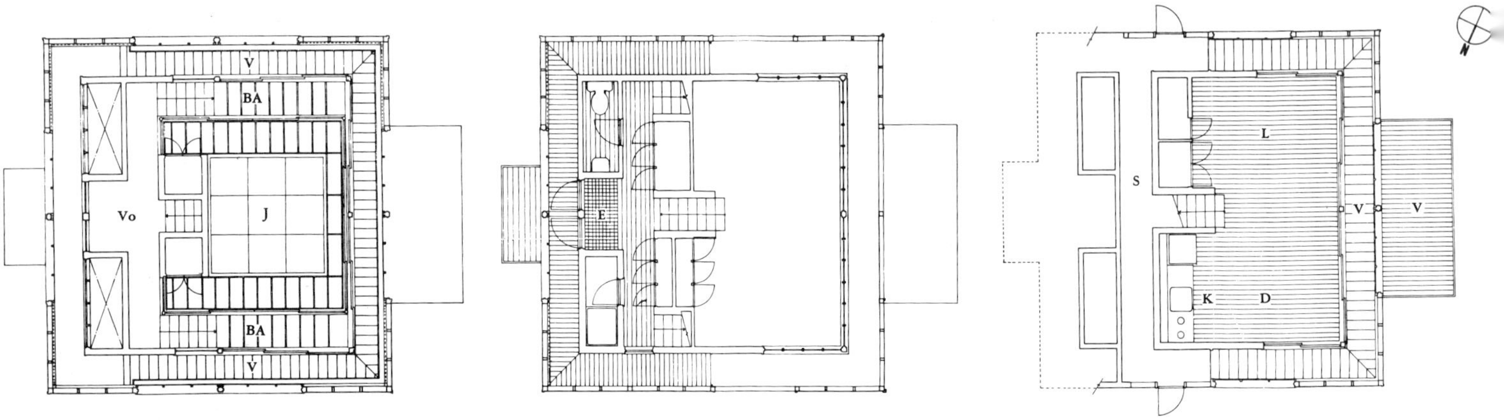
V
BA
Vo
J
BA
V
E
S
L
V
V
K
D

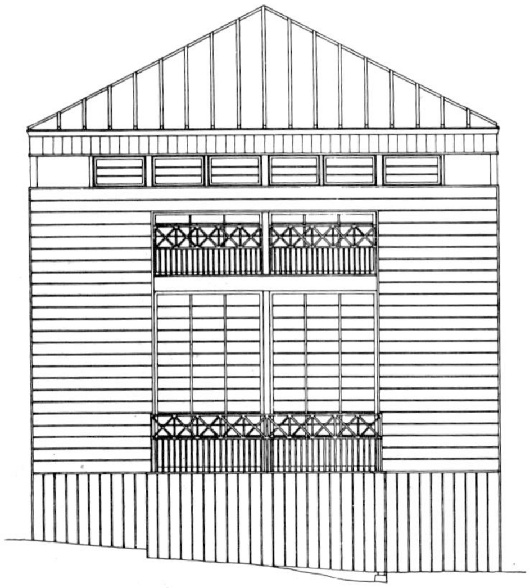

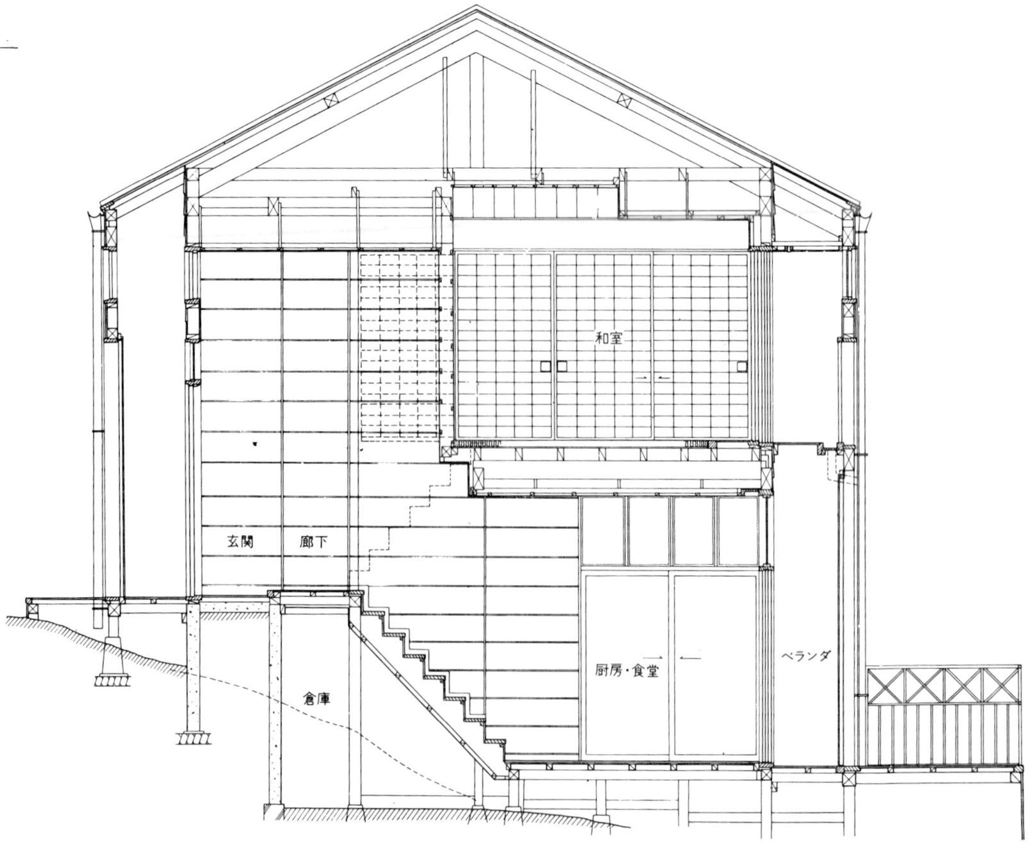
和室
玄関
廊下
倉庫
厨房・食堂
ベランダ

Die moderne Architektur hat beträchtliche Anleihen bei der traditionellen japanischen Formensprache gemacht. Dadurch ist es den Japanern erheblich erschwert worden, selbst einen Platz innerhalb der Avantgarde der Moderne einzunehmen, ohne historisch zu erscheinen. Dies hat sie zu fast extravaganten Reaktionen auf die Auswirkungen der wildesten »westlichen« Abenteuer veranlaßt, und dies gilt teilweise auch für Hara. Beim Haus Kudo zeigt sich jedoch eine reifere Einstellung zur Tradition des Heimes und ein starkes kulturelles Bewußtsein, das neue Wege sucht.

4. Grundriß des Obergeschosses.
5. Grundriß des Zwischengeschosses.
6. Grundriß des Erdgeschosses.
7. Aufriß der Südseite.
8. Schnitt.
9. Der japanische Raum.

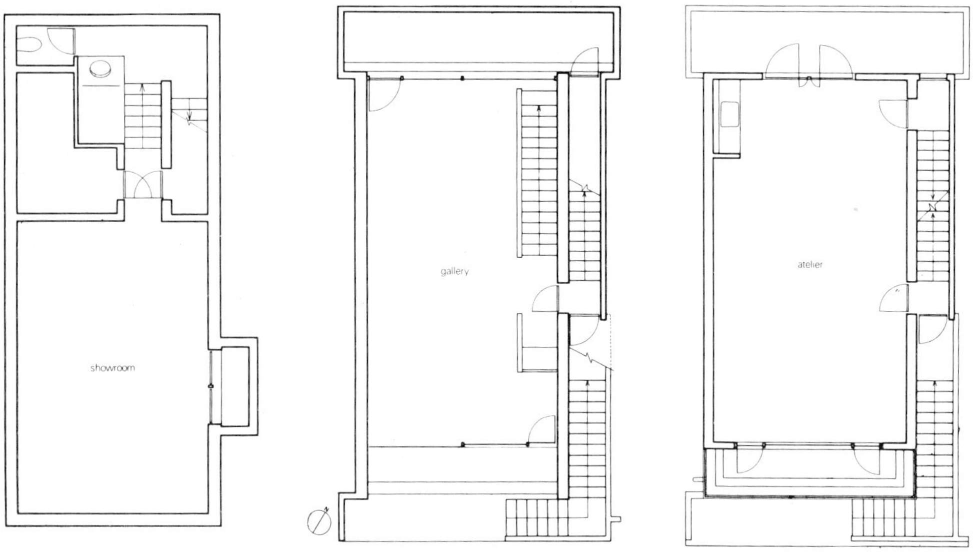

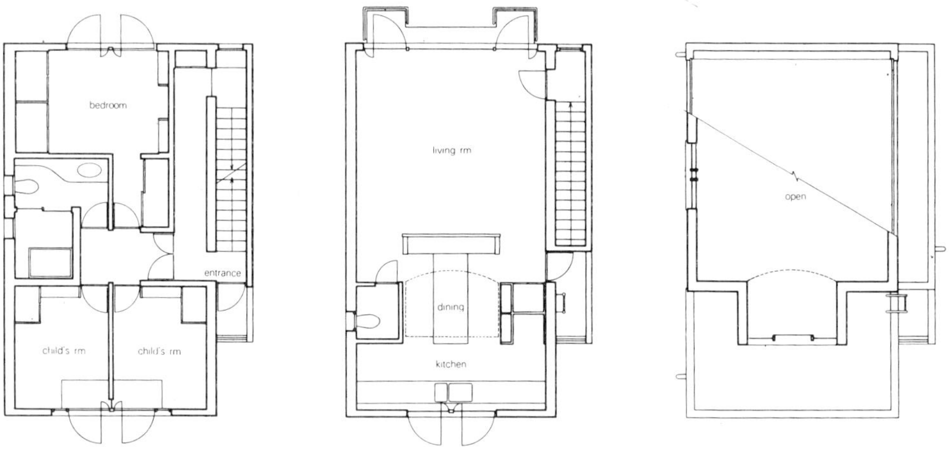

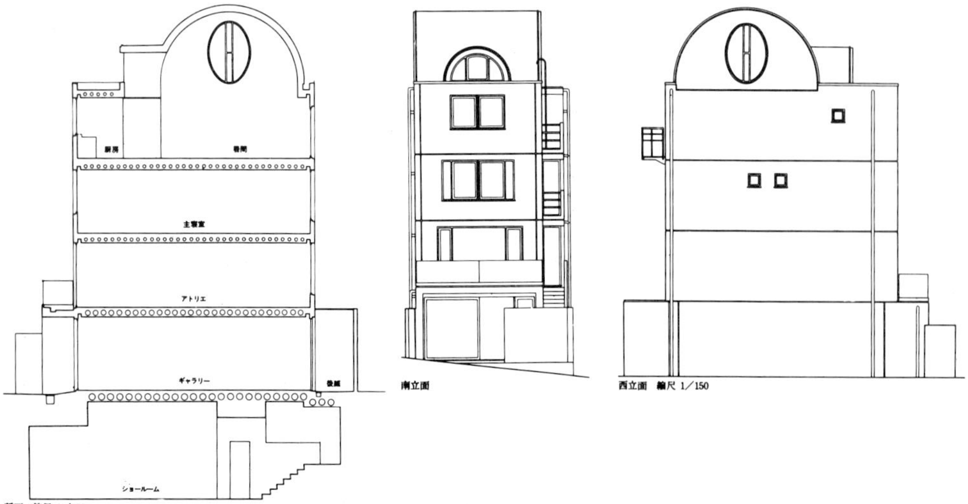

1. Grundrisse des Unter-, Erd- und 1. Obergeschosses.
2. Grundrisse des 2. und 3. Obergeschosses sowie Dachaufsicht.
3. Schnitt sowie Aufrisse der Straßen- und der Ostseite.
4. Die Galerie im Erdgeschoß.

Haus Aoki, Tokio, 1978
Architekt: Arata Isozaki

Als erklärter Manierist (»Ich habe in der Architektur eine Methode – eine manière – maniera – entwickelt, deren Ziel es ist, kritisch über die moderne Bewegung hinauszugelangen«), bedient sich Isozaki großzügig architektonischer Formen aus allen Epochen und Orten und verwendet sie gemäß seiner Vorstellung vom Stilpluralismus einer autonomen Architektur mit entsprechenden Abwandlungen weiter. Mit entwaffnender Offenheit erklärt er uns, daß er kopiert. Er kopiert nicht die Natur, sondern die Kultur. Er kopiert nicht buchstäblich, sondern indirekt. Mit anderen Worten, er greift in eklektischer Weise Stilelemente aus dem universalen Vokabular auf und verwendet sie weiter, wobei er diese Fragmente einer neuen Reihe von Regeln unterwirft. Diese sind nie starr, sondern, nach Auffassung des Kritikers Udo Kulterman, häufig doppeldeutig und voller Witz und Ironie. Diese Ambivalenz könnte etwas mit der Faszination zu tun haben, die Isozaki angesichts seiner Vorstellung von den zwei entgegengesetzten Polen des Raumes empfindet: »Der eine Pol verkörpert die Dunkelheit, die durch die Tiefenpsychologie, die Magie und die Symbolik vertreten wird, der andere den semiologischen, abstrakten, ambivalenten Bereich, der mit der Vorstellung der Leere oder der Illusion in Verbindung gebracht wird.« Er bekennt, daß sein Interesse überwiegend letzterem gilt, beim Haus Aoki sei es jedoch sein Bestreben gewesen, eine Verschmelzung zu erreichen durch die Vorstellung von einer Illusion, die aus dem Bereich des Dunklen kommt.

Solche Überlegungen stoßen in der westlichen Welt auf eine gewisse Skepsis und scheinen von den rationalen Zielen der modernen Bewegung weit entfernt zu sein. Wenn wir jedoch seine mittelalterlich anmutenden Betrachtungen über die Dunkelheit auf die Ebene von Licht und Schatten projizieren, ohne die kein Gebäude Anspruch auf architektonische Geltung erheben kann, verstehen wir seinen Standpunkt vielleicht. Aber beim Bau eines kleinen Stadthauses geht es nicht nur um metaphysische Probleme. Wir zitieren dazu am besten den Architekten:

»Die Vielzahl der Probleme im Zusammenhang mit dem Verhältnis von Grundstück zu Baumasse, der Notwendigkeit, die oberen Stockwerke wegen der Besonnung der Nachbarwohnungen zurückzusetzen, der Überlegung, daß jeder in der Nachbarschaft Anspruch auf eine ungehinderte Aussicht hat, der Gründungskonstruktion usw. wird vielleicht in keinem Fall befriedigend gelöst. Erst nach wiederholter, sehr sorgfältiger Abstimmung dieser Probleme hat sich die Vorstellung von einem gewölbten Dach und einem Innenraum, in dem Sichtbeton dominiert, konkretisiert... Ich habe mich aus zwei Gründen für Sichtbeton entschlossen. Der erste Grund ist, daß der Eigentümer und seine Frau Kunstgegenstände aus rostfreiem Stahl herstellen. Im Untergeschoß befindet sich ein Ausstellungsraum, im Erdgeschoß eine Galerie und darüber ein Atelier. Ich hatte den Eindruck, daß die grauen Betonflächen der Wände einen geeigneten Hintergrund für Arbeiten aus hartem glänzenden Metall abgeben. Zweitens schien eine Betonkonstruktion mit tragenden Wänden und Hohlplattendecken das größte Maß an freiem Raum zu gewährleisten, was bei der begrenzten Grundstücksgröße von Bedeutung ist...

Das oberste Geschoß des Gebäudes besteht aus einem einzigen Raum, der den Wohnbereich und eine Eßküche enthält, die durch eine Wand aus Granit voneinander getrennt sind. Wie die Galerie im Erdgeschoß hat auch die-

ser Raum einen Boden aus Schiefer mit Fußbodenheizung. Der Schiefer ist schwärzlich, und das gesamte Mobiliar ist schwarz oder dunkelgrau. Früher habe ich die Farben des Innenraumes auf eine sehr enge Skala von grau bis weiß beschränkt, weil ich eine Art von Dämmerstimmung im Raum schaffen wollte. Ein ähnlicher Wunsch liegt der Farbzusammenstellung in diesem Raum zugrunde, wobei hier alles dunkler ist, sich der vollkommenen Dunkelheit nähert. Ich stelle die Halogenleuchten im Raum gern ganz schwach ein. Wenn es jedoch zu dunkel ist, findet man sich nicht gut zurecht. Ein Minimum an Beleuchtung ist daher unerläßlich. Je dunkler der Raum jedoch ist, um so reizvoller wirkt der Glanz des Tisches aus schwarzem, poliertem Urethan und des Schieferbodens.«

Das Haus entspricht typologisch dem üblichen Ladengeschäft mit darüberliegender Wohnung, außergewöhnlich ist nur, daß sich der Wohnraum im obersten Geschoß über den Schlafräumen befindet. Das wirkt sich hinsichtlich der Belichtung und der Aussicht vorteilhaft aus, außerdem ergab sich dadurch die Möglichkeit der Einbeziehung einer hoch gelegenen Kuppel, die der Architekt von Anfang an im Sinn hatte. Das Zugangsproblem wird dadurch jedoch vergrößert; so ist der Empfang von Besuchern an der Eingangstür ein labyrinthisches Unterfangen. Selbst die anspruchsvollste Architektur muß sich beim Entwurf von Wohnhäusern mit ganz gewöhnlichen Problemen auseinandersetzen. Der Reiz liegt darin, diese Probleme auf eine poetische Ebene zu transponieren.

5. Die Straßenseite.
6. Die Treppe.
7. Die Wölbung im Wohnraum.
8. Blick vom Wohnraum zur Eßküche.

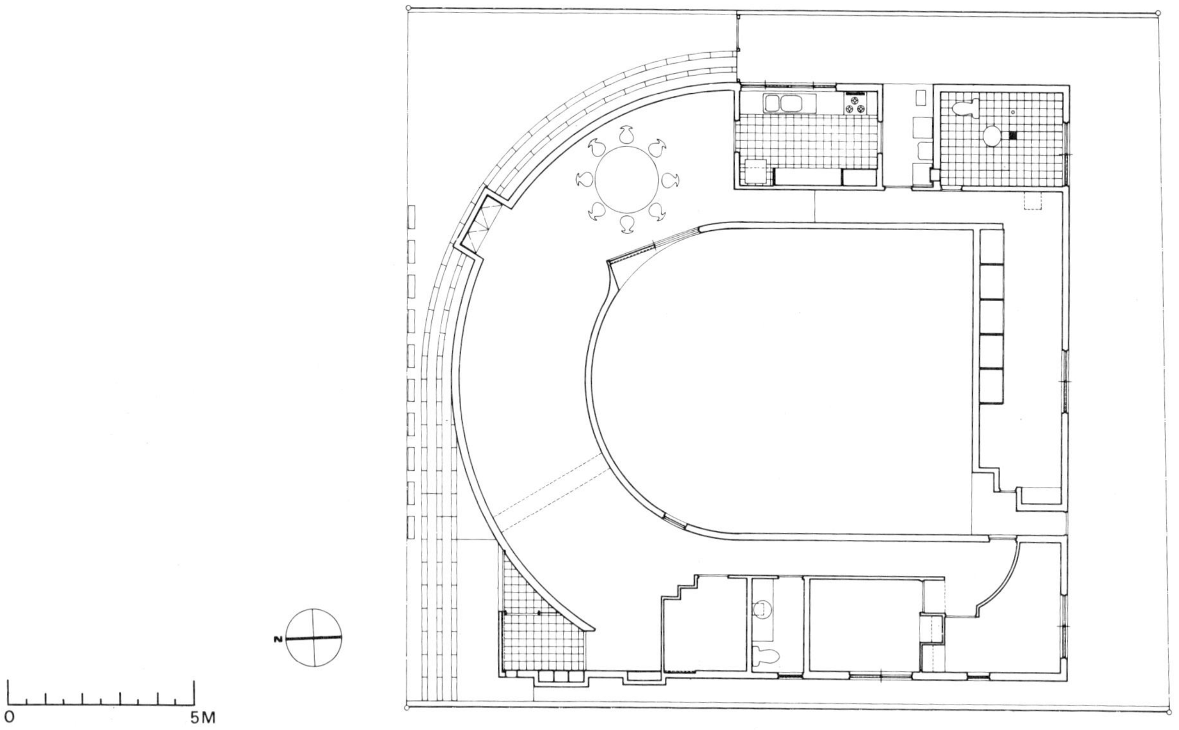
N
0
5M

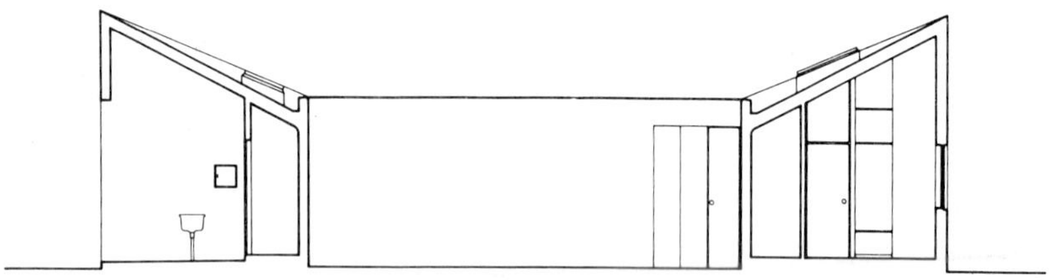

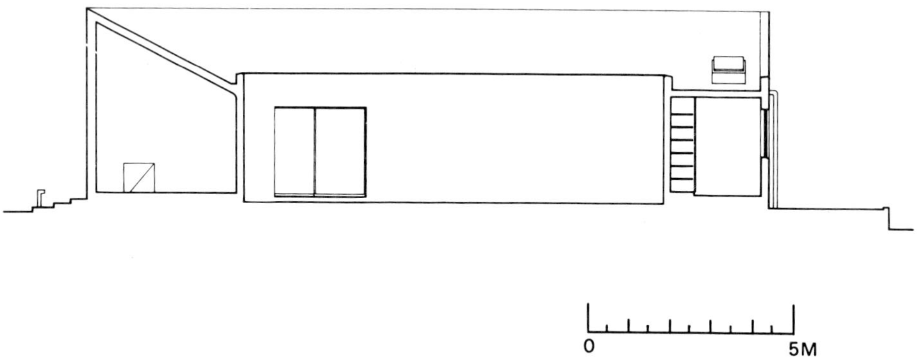
0
5M

Haus in Tokio, 1977
Architekt: Toyo Ito

Die siebziger Jahre wurden zu einer lebendigen Dekade für die japanische Architektur. Die Imitation von Bauten aus den Vereinigten Staaten und die Verwendung der Collage als Gestaltungsmittel führten zur Form um der Form willen. Verbunden war damit eine Freude an intellektueller Redundanz, genährt aus einem romantischen Mystizismus, mit dem versucht wurde, östliches Selbstverständnis wiederzufinden.
Das hier gezeigte Haus von Toyo Ito dokumentiert diese Situation ganz nüchtern. Im dichten Gedränge frei stehender Vorstadthäuser kann eine Privat- und Intimsphäre nur durch die Wendung nach innen entstehen. Angesichts der Bedrohung traditioneller Werte des häuslichen Lebens wie »Bequemlichkeit, Sicherheit und Behagen« hat Toyo Ito, der diese wie jedermann schätzt, eine Form entworfen, die durch ihre Neuheit, aber nicht minder durch ihre Tradition überwältigt. Er hat die Situation lediglich umgekehrt. Man betritt das Haus über die Apsis oder, respektvoller ausgedrückt, gleitet entlang derselben in das Haus hinein. Der Hauptwohnbereich befindet sich nicht im Zentrum der Apsis, sondern im äußeren Ring; der Innenhof, eine Freirauminsel, ist vom umgebenden Haus abgetrennt; nur vom Eingang, vom Eßbereich und vom Studio aus – hier durch einen schmalen Schlitz – kann er eingesehen werden. Um den Genuß an der Rundung des Raumes zu erhöhen, wurde dessen freier Verlauf durch das Übergreifen einer Reihe kleinerer Bereiche noch betont, die nach Aussage des Architekten als Phoneme, als bedeutungsunterscheidende Laute, dienen und einen Wirbel im ruhigen Raumfluß auslösen.
Ein Teil des Genusses kommt durch das Licht. Ein 45 cm breiter Schlitz läßt es auch von oben eintreten, »wodurch eine erstaunliche Vielfalt an Lichtmustern entsteht. An schönen Tagen fällt am Vormittag ein schmaler, etwas gekrümmter Lichtstreifen ein, der einem japanischen Schwert gleicht. Später wird der schmale Streifen zu einem breiten gekrümmten Band zwischen Wand und Boden. Am Abend, wenn die Sonne von Westen einfällt, wird er wieder schmaler. Später dringt nur noch ein Hauch des farbigen Dämmerlichts von draußen ein.« Dem Licht wird Weiß als neutrale Farbe beigegeben, weil es kein Eigenleben hat, aber alles übrige zur Geltung bringt. Der Boden im weiten Raum des Innenhofs ist schwarz. Die Außenwände und das Dach weisen ein monotones Grau auf, nur die weiße Eingangstür ist ein Hinweis auf die Ruhe im Inneren.

1. Grundriß.
2. Schnitte.
3. Außenansicht.

Das Haus von Toyo Ito ist ein ungewöhnliches »gewöhnliches« Haus, das vielleicht nur wenige anspricht, nicht zuletzt wegen der strengen Möblierung, die einem entspannten Dialog innerhalb der Familie kaum förderlich ist. Hier handelt es sich jedoch weniger um die Verwirklichung einer abstrakten architektonischen Idee als um eine Reaktion auf die örtlichen Gegebenheiten.

4. Blick vom Eßbereich auf die Apsis mit Hauptwohnbereich und Hof.
5. Ein durch das Oberlicht einfallender Lichtstreifen wandert durch den Hauptwohnbereich.

6. Der Hauptwohnraum in Richtung auf den Eingang.
7. Die Apsis.

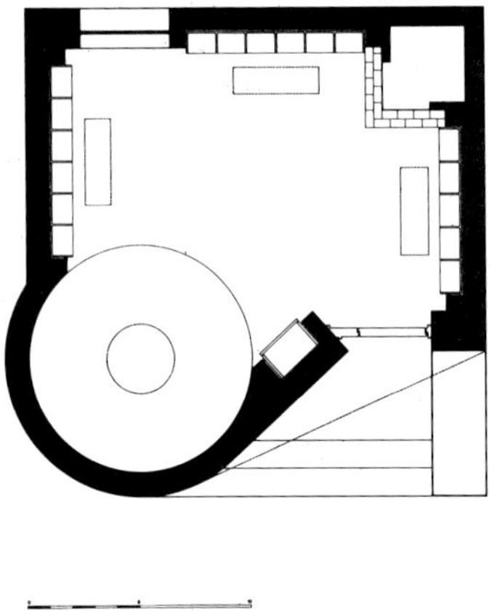

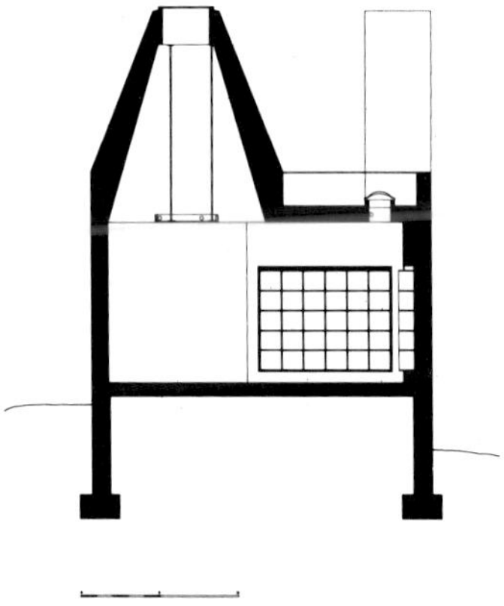

1. Lageplan.
2. Grundriß.
3. Schnitt.
4. Blick vom Zufahrtsweg auf das Studiohaus.
5. Das Studiohaus als Objekt in der Landschaft.

Eigenes Studiohaus in New Canaan, Connecticut, 1980
Architekt: Philip Johnson

Philip Johnson gehört zu den rätselhaften Erscheinungen in der modernen Architektur und ruft eher Irritation als Neugierde hervor. Wie ein kultivierter Aristokrat pickt er sich nach bester Amateurtradition aus der Architektur heraus, was ihm gerade gefällt. Er selbst legte die Regeln für dieses Spiel fest, als er in den Vereinigten Staaten die moderne europäische Architektur einführte, die, aus ihrem sozialen Kontext herausgerissen und auf die bloße Form reduziert, im Jahr 1932 im New Yorker Museum of Modern Art als Internationaler Stil präsentiert wurde. Dies war so etwas wie eine tödliche Umarmung, denn ohne die ihr zugrunde liegende gesellschaftliche Ideologie ist die moderne Bewegung eine vertane Sache. Aber bevor die Entwicklung tatsächlich dahin führte, brach Johnson mit einem klassischen Bau – seinem im Alter von 43 Jahren entstandenen Erstlingswerk – in die Architekturszene ein: mit dem 1949 für sich selbst erbauten »Glass House«, das ihn sogar Mies übertreffen ließ. Es war der Grundstein zu einem Landsitz, der im Lauf der Jahre Pavillon um Pavillon wuchs und auf diese Weise eine zwanglose Beziehung zur Natur und zur Geschichte gewann. Einen Kontrast zum »Glass House« bilden der massive Ziegelbau des Gästehauses und der vorgetäuschte Lustpavillon unten am See, der wie der Bau William Kents für Lord Burlington in Stowe nur als Blickpunkt dient, und weiter oben ein in die Erde eingegrabener Pavillon, in dem sich eine Gemäldegalerie verbirgt, und die noch etwas weiter entfernte unregelmäßig getreppte Skulpturengalerie. Bei dem hier vorgestellten Studiohaus handelt es sich um die neueste Hinzufügung. Der Grundriß des in den siebziger Jahren entstandenen Gebäudes besteht aus einem Quadrat und einem Kreis, womit Johnson wieder die beiden Grundformen des »Glass House« aufgriff, diesmal jedoch in Massivbauweise als Zeichen für die Rückkehr zur Intimität und zur Sicherheit des Überkommenen.
Wenn wir auch das Fehlen des sozialen Kontextes in der amerikanischen Architektur beklagen mögen, bleibt dennoch die Form die wichtigste Voraussetzung in der Architektur, und wir verdanken es Johnson, daß uns nun ein reichhaltiges historisches Vokabular zur Verfügung steht. Mit Fingerspitzengefühl angewandt, kann es zu unerwarteten Lösungen führen, welche die alten ikonischen Werte bewahren, die dem für unsere Vorstellung vom Heim so bedeutsamen Streben nach Dauer gerecht werden.

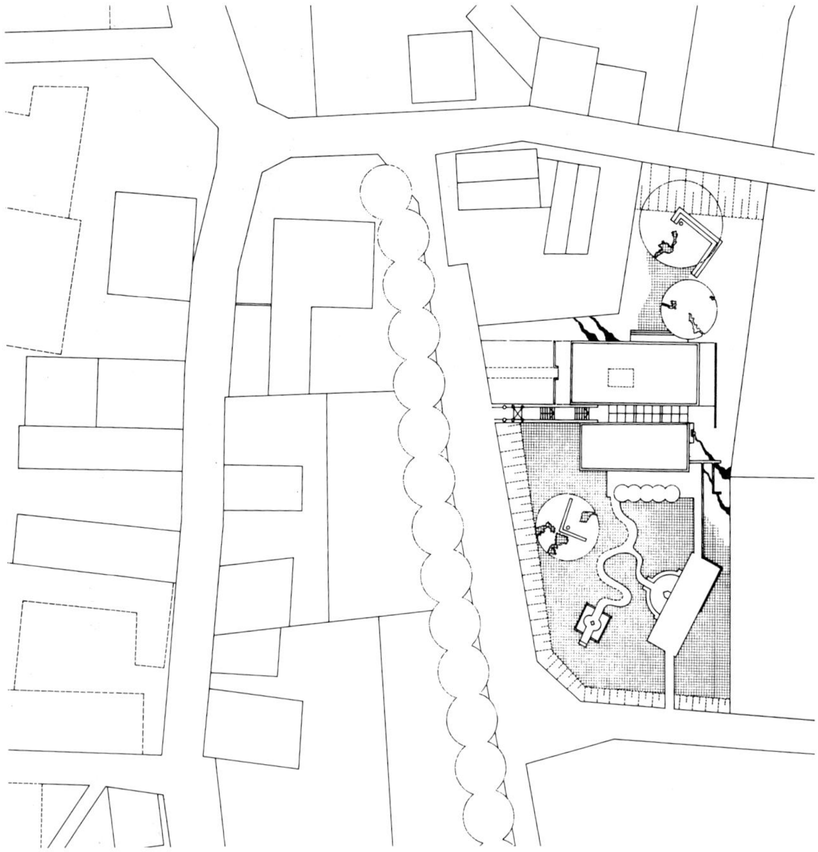

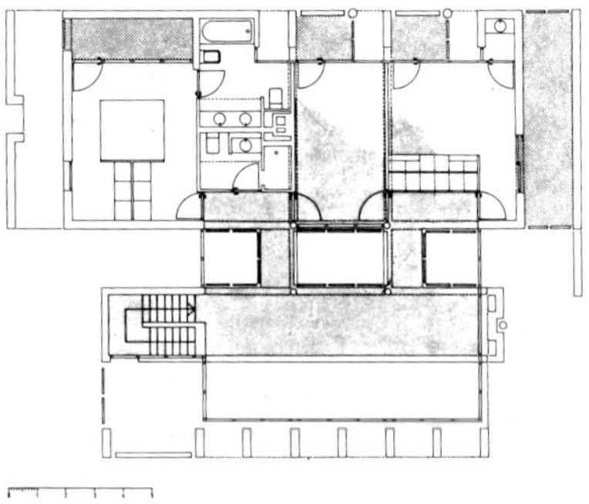

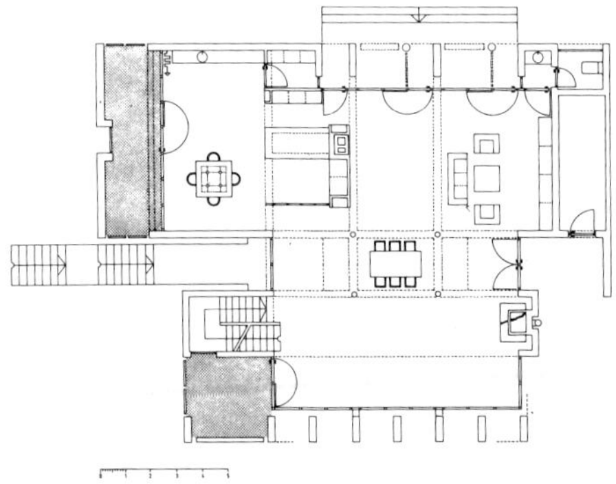

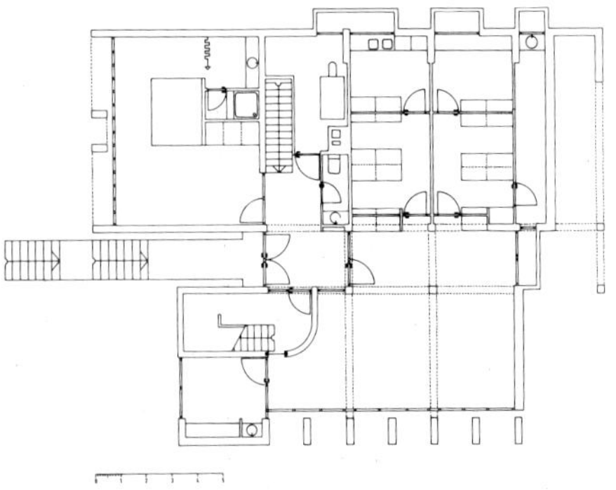

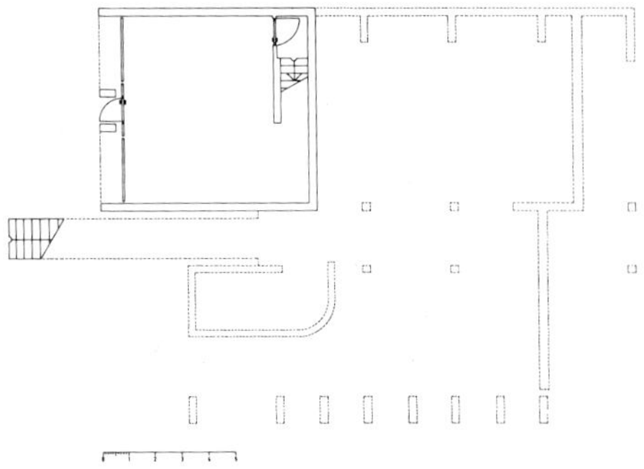

1. Lageplan.
2. Grundriß des 1. Obergeschosses – Galerie.
3. Grundriß des 2. Obergeschosses – Beletage.
4. Grundriß des Erdgeschosses – Parterre.
5. Grundriß des Sockelgeschosses – Garage.
6. Die Eingangs- und die Westseite.

Haus Malchen, Seeheim bei Darmstadt, 1977–79
Architekt: Ante Josip von Kostelac

Bei einem Privathaus mögen Begriffe wie sozialer Bezug und Kontext vielleicht als Widerspruch erscheinen. Wenn wir aber davon ausgehen, daß ein Privathaus ein echtes Experimentierfeld für die Architektur darstellt, weil der Architekt hier die Möglichkeit hat, die Privatsphäre und die Wertvorstellungen der kleinsten Zelle der Gesellschaft kennenzulernen und sich damit bis ins letzte Detail auseinanderzusetzen, und weil dank des einfachen Raumprogramms die Form Vorrang hat, wird verständlich, wo die soziale Bedeutung eines Privathauses liegt. Wenn wir noch den formalen Bezug zu den benachbarten Häusern und zur natürlichen Umgebung berücksichtigen, steht der soziale Kontext außer Zweifel. Das Domizil des Menschen teilt sich in zwei soziale Bereiche, in den intimeren Lebensbereich der Familie und den etwas offizielleren Empfangsbereich (der dem Vorderzimmer in den englischen Arbeiterhäusern des neunzehnten Jahrhunderts entspricht). Obwohl das Haus Malchen einen offenen Grundriß hat, trägt es diesen sozialen Funktionen durch die klare Unterteilung des Hauses in zwei Bereiche Rechnung. Indem man in die Zwischenzone den Eingang legte, diese zu beiden Bereichen hin verglaste und hier auch den Eßtisch aufstellte, trug man all den subtilen Beziehungen innerhalb des Hauses Rechnung und schuf zugleich ansprechende Orte.

Die Technologie ist als Diener behandelt, nicht als Herr. Ohne daß sie sich aufdrängt, wirkt sie präzise und gekonnt und verleiht dem Haus eine Atmosphäre der Eleganz, des Komforts. Das historische Erbe wurde nicht verworfen, sondern assimiliert. Ablesbar ist dies an der geordneten, hierarchischen Raumfolge, die an die Renaissance erinnert. Die gebrochene Achse des Zugangs zwischen der Garage mit den hohen sprossenverglasten Öffnungen – deren kleineres quadratisches Raster optisch nicht vom Eingang ablenkt – und dem exzentrischen Treppenhaus wiederholt sich in der Querachse an der Ostfassade mit den seitlich versetzten Terrassenstufen und den ebe[illegible] asymmetrisch angeordneten Schlafzi[illegible]balkonen. Im Schnitt ergibt sich ein Ge[illegible]e von Westen nach Osten, das durch den verglasten Einschnitt zwischen den beiden Gebäudeflügeln unterbrochen wird. Der Trick, eine Regel aufzustellen, um sich dann gleich wieder über sie hinwegzusetzen, wird unauffällig auf verschiedenen Ebenen im ganzen Haus wiederholt. Aber dieses Spiel mit Form und Raum wäre nur von rein akademischem Interesse, wenn die funktionalen Erfordernisse nicht so gut aufeinander abgestimmt wären, daß der dahinterstehende Planungsaufwand kaum wahrnehmbar wird. Der Wert, der hier fachlichem Können beigemessen wird, ist vergleichbar mit dem revolutionären Bemühen um Qualität durch die Arts-and-Crafts-Bewegung, an dem sich die Pioniere der Moderne orientiert haben.

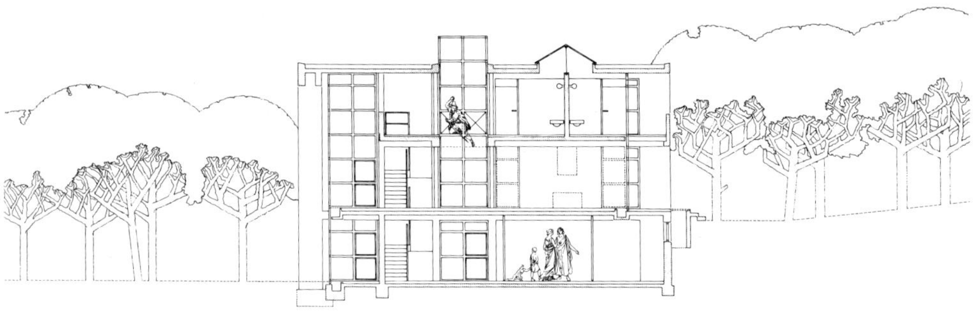

Die Form ist angelehnt an Aldo Rossis rhythmisch raumausgreifendes Konzept städtischer Ordnung, einschließlich der kleinen quadratischen Fenster, und sehr gekonnt umgesetzt. Das weiße Gebäude an dem sanft abfallenden Hang ragt empor wie der Landsitz eines englischen Edelmanns des 18. Jahrhunderts. Es ragt heraus als ein Symbol der Kunst, nicht der Macht.

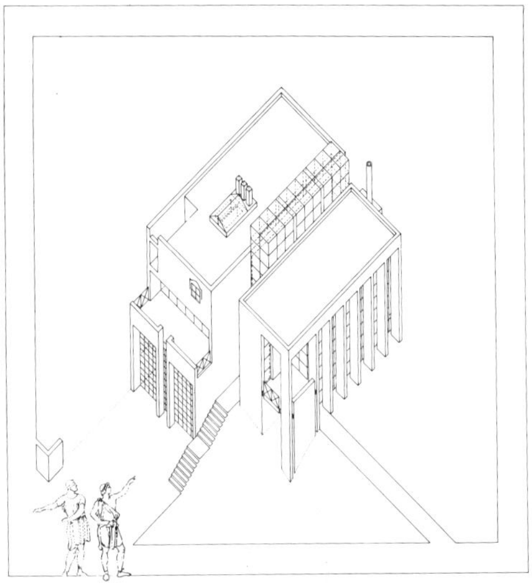

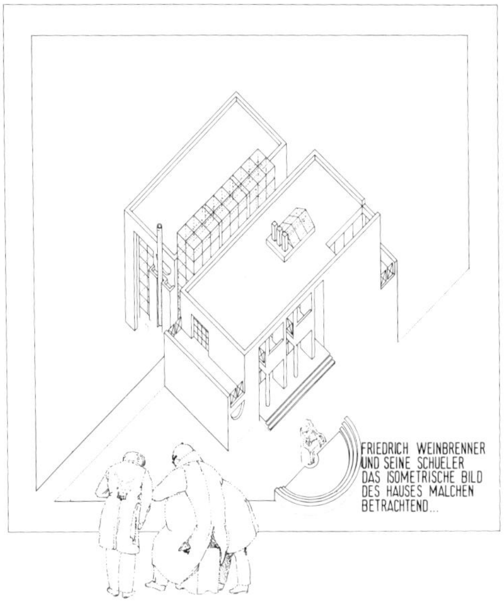

7. Schnitt.
8. Axonometrie – Eingangs- und Westseite.
9. Axonometrie – Süd- und Ostseite.
10. Der Wohnraum in der Beletage.

11. Die Südseite.
12. Die Galerie. Blick vom Studio in Richtung auf die Schlafräume.

Haus Dickes, Luxemburg, 1974/75
Architekt: Rob Krier

Rob Krier hat geschrieben, daß er gern lernen würde, wie man ein Haus richtig baut.
Er hat nur wenig gebaut, ist jedoch in Architektenkreisen auf Grund seiner Theorien über die Rolle der Architektur in der Stadtplanung weithin bekannt. Es ist daher interessant, an Hand des Hauses Dickes zu untersuchen, inwieweit die Theorie (der Architekt) mit der Realität (der Bauherr) zurechtkommt.
Diese Untersuchung aus zweifacher Sicht, der des Architekten und der des Bauherrn, dringt zum Kern der gesamten Wohnhausarchitektur vor, weil sie an ein tief in uns allen verwurzeltes Sehnen rührt, den Wunsch, ein Haus für sich selbst zu bauen. Die Vorstellungen von diesem Haus sind widersprüchlich, Kindheitserinnerungen an den schützenden Mutterleib mischen sich mit der Idee vom Traumhaus, das alle Wünsche befriedigt. Wenn Krier sagt, daß er lernen möchte, wie man ein Haus richtig baut, meint er damit, daß er den Prototyp einer Wohnung schaffen will, die den *Traum des Architekten* verkörpert.
Wir werden diesen »Traum« zunächst an Hand von Kriers Aussage selbst betrachten: »Diesen Wohntypus habe ich seit Jahren in mehreren Projekten als einseitig orientierte 3- bis 4-Zimmer-Maisonnettewohnung in vielen Varianten bearbeitet, zuletzt im ›Royal Mint‹-Wettbewerb in London. Sie kann dreiseitig angebaut werden. Die Idee einer L-förmigen Maisonnettewohnung wurde von Le Corbusier in seinem Projekt für eine Stadt von drei Millionen Einwohnern 1922 erstmals im Geschoßbau propagiert.«
Warum eine L-förmige Wohnung mit drei geschlossenen Wänden? Nun, wenn es gelingt, unter solchen Bedingungen eine akzeptable Wohnung zu gestalten, kann man einen Schritt weitergehen und einzelne Gebäude so miteinander kombinieren, daß ein zum Straßenraster passendes Gebäuderaster entsteht und Baulücken als Niemandsland im städtischen Raum vermieden werden. Bei großen Räumen und einem kleinen Raumprogramm besteht diese Möglichkeit, deren Verwirklichung einen erheblichen Beitrag zur Wiedereinbeziehung der Architektur in die Stadtplanung darstellt. Was am Haus Dickes fasziniert, ist die Tatsache, daß Krier das Problem des Massenwohnungsbaus klar erkannt hat und zu dessen Kern vorgedrungen ist – dem Wunsch nach einem eigenen Heim, das, selbst wenn es nur eine Stadtwohnung ist, alle Vorteile und Annehmlichkeiten eines frei stehenden Einfamilienhauses bietet. Beim Haus Dickes ist er umgekehrt vorgegangen, um sei-

1. Außenansicht.
2. Grundrisse.
3. Aufrisse und Schnitt.
4. Aufriß.
5. Schnitt.

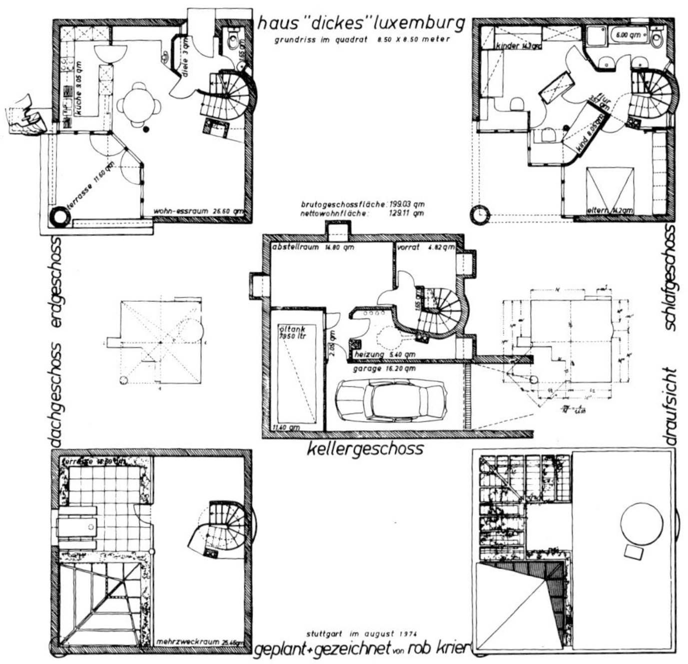
haus "dickes" luxemburg
grundriss im quadrat 8.50 X 8.50 meter
brutogeschossfläche: 199.03 qm
nettowohnfläche: 129.11 qm
erdgeschoss
dachgeschoss
kellergeschoss
schlafgeschoss
draufsicht
stuttgart im august 1974
geplant+gezeichnet von rob krier

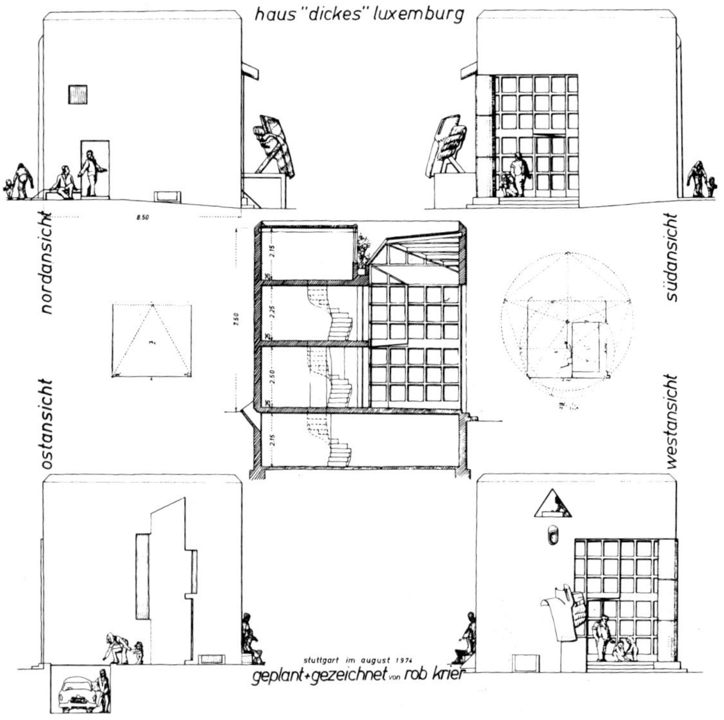
haus "dickes" luxemburg
nordansicht
südansicht
ostansicht
westansicht
stuttgart im august 1974
geplant+gezeichnet von rob krier

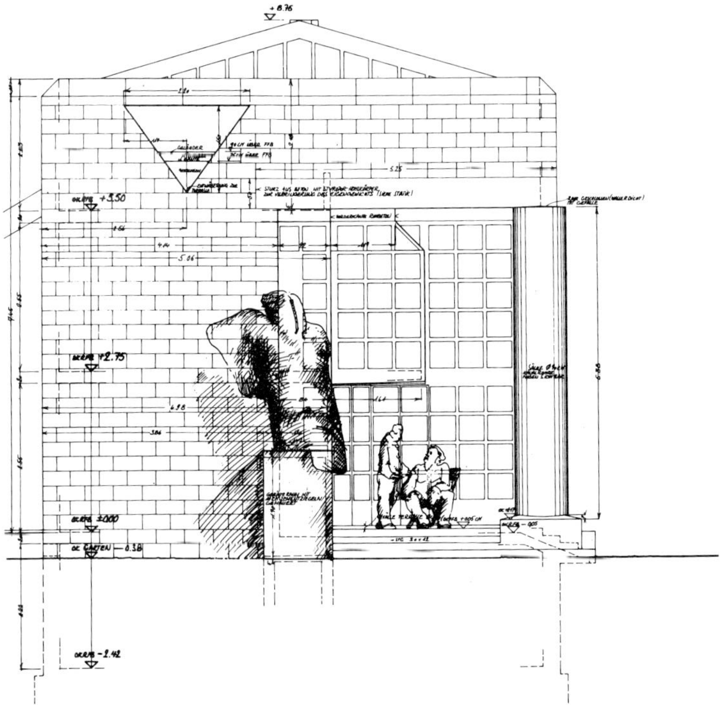

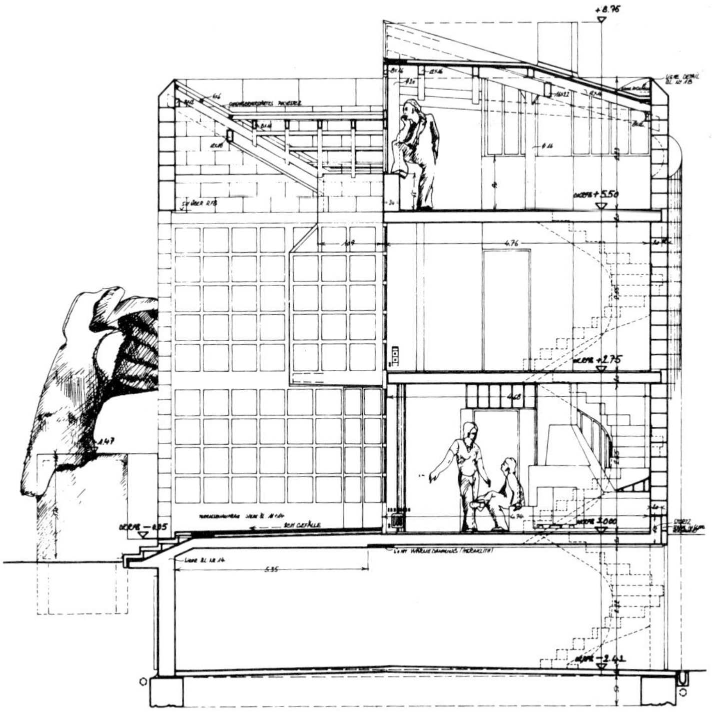

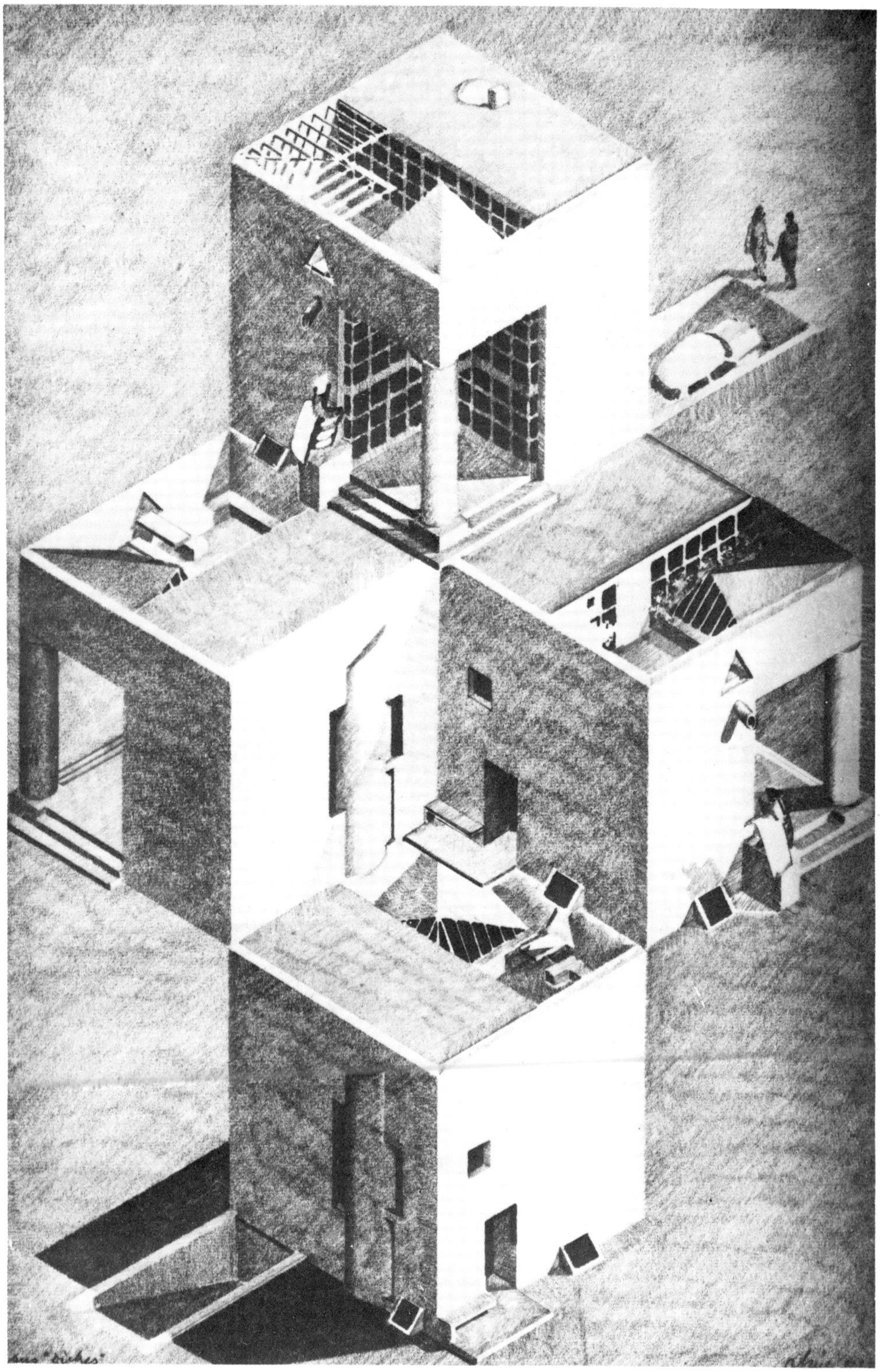

6. Axonometrie.

ne Theorie unter Beweis zu stellen. Er hat zunächst die Wohnung und dann das Haus entwickelt. Hier sind wir also dem Traum des Architekten, zu lernen, wie man ein Haus richtig baut, einen Schritt nähergekommen. An diesem Beispiel wird deutlich, daß die Untersuchung der sozialen Zusammenhänge beim Entwurf eines Einfamilienhauses eine wichtige Aufgabe im Hinblick auf die größere soziale Problematik beim Bau von dichteren Wohnhausgruppen in der Stadt erfüllt. Ein intensiverer Ideenaustausch bei der Planung dieser beiden Aufgaben würde sich sicherlich im Wohnungsbau vorteilhaft auswirken.

Was wollte der Bauherr des Hauses Dickes? Krier zufolge wollte er die Fenster zusammengefaßt haben. Direkt nach außen weisende Fenster sollten auf das Treppenhaus und die Badezimmer beschränkt sein. Die Eigentümer hatten in einer früheren Wohnung derart unangenehme Erfahrungen mit einem Voyeur gemacht, daß sie, um solche Probleme zu vermeiden, ansonsten ausschließlich Fenster haben wollten, in die nur sie selbst hineinsehen können und die von einer überdachten Terrasse geschützt sind.

Die Pläne zu diesem kubischen Haus mit den Abmessungen 9×9×9 m sprechen für sich selbst. Die Säule, das formale Spiel des riesigen geneigten Glasdachs, das die Terrasse überdeckt, und der in die massive Wand eingelassene Treppenhausturm waren der einzige Luxus, den das beschränkte Budget erlaubte.

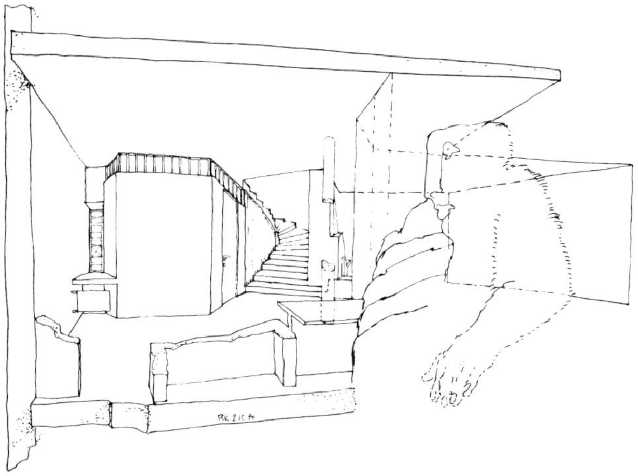

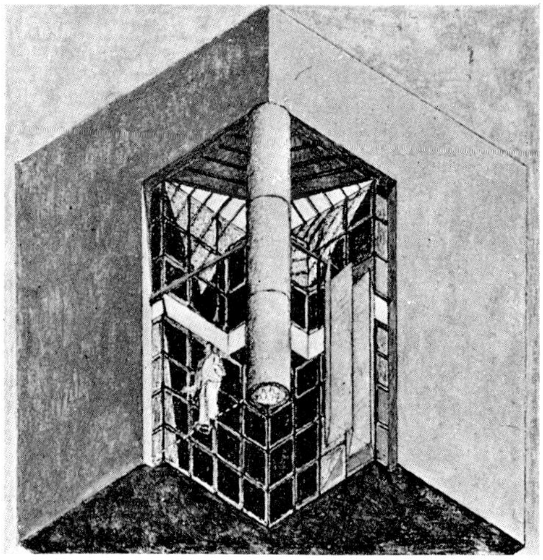

7. Skizze der Dachterrasse.
8. Skizze des Erdgeschosses.
9. Außenansicht.
10. Axonometrie.

Kapselhaus K, Karuizawa, Japan, 1972
Architekt: Kisho Kurokawa

Das Kapselhaus wird hier nicht vorgestellt, weil es einen sichtbaren Fortschritt in der im Wandel begriffenen Architektur der siebziger Jahre darstellt, sondern weil sich hier, wie auch bei der übrigen metabolistischen japanischen Architektur der sechziger Jahre in auffälliger Weise zeigt, daß sich die technologische Erfindungsgabe in einer Krise befindet. Nach Jahrzehnten der »Verwestlichung« der Kultur, die Hand in Hand mit der Entwicklung der modernen Industrie ging, versuchten die Metabolisten, den Rahmen der Technologie auszuweiten und diese flexibler zu nutzen, um den Entwicklungen und Veränderungen in den Bedürfnissen des Individuums gerecht zu werden. Unter dem formalen Einfluß der Zeichnungen der Londoner Gruppe Archigram entwarfen und bauten sie ineinander übergehende Megastrukturen als Ort und Rahmen für öffentliche und private Aktivitäten. Sie waren bestrebt, die Technologie so allgemeingültig zu machen, daß sie sowohl örtlichen Kulturen als auch der Freiheit des einzelnen gerecht werde. Diese extrem simple Ideologie, an deren Entstehung der Kritiker Rayner Banham nicht unwesentlich beteiligt war, brachte aufsehenerregende formale Neuerungen mit sich, bei denen der Schwerpunkt auf der Gebäudestruktur lag und die jeweilige Funktion nur untergeordnete Bedeutung hatte. In der Praxis beschränkte sich diese Ideologie fast ausschließlich auf den technologischen Bereich. Das Ergebnis waren ziemlich unbehagliche, monumentale Statements, respektgebietende, aber starre Gebilde, die keinen Ansatzpunkt für eine kulturelle Weiterentwicklung boten.

Anstatt den Versuch zu unternehmen, eine Struktur zu schaffen, die den Wandlungsprozeß unterstützt, wurde der Konsumgesellschaft eine Austausch- und Wegwerfarchitektur à la Habraken angeboten, ein Tragwerksystem mit austauschbaren Ausbauelementen, die ersetzt werden können, wenn neue Produkte auf den Markt kommen. Man wollte mit der Kapseltheorie die Hochtechnologie auch auf der häuslichen Ebene einführen, wo sowohl mit geschmacklichen als auch mit kulturellen Unterschieden zu rechnen ist. Dies war ein Versuch, die Mentalität der Automobilproduktion auf den Hausbau zu übertragen, wobei jedoch darauf Wert gelegt wurde, den Kern des Gebäudes in den örtlichen Gegebenheiten zu verankern. Durch dieses Arrangement wollte man Technologie und örtliche Kultur miteinander in Einklang bringen.

Der Nagakin Capsule Tower in Tokio hat Einzelschlafzimmer, die an einen Technikkern angeschlossen sind, und ist mehr Hotel als Wohngebäude. Beim später entworfenen

1. Blick auf die mit dem zentralen Kern verbundenen Kapseln.
2. Blick auf das Dach mit dem Zugang.

Kapselhaus wurden diese Einheiten auf das Wohnhaus übertragen. Zwei Kapseln dienen als Schlafzimmer, eine als Küche und eine weitere als Raum für die Teezeremonie. Diese sind durch stark belastbare Anker mit dem Turm beziehungsweise dem tragenden Kern verbunden. In diesem Kern ist der Wohnbereich untergebracht, unter diesem eine Werkstatt und, weil das Grundstück sehr steil abfällt, über diesem der Autoabstellplatz. Obwohl es sich nur um ein Sommerhaus handelt, scheint es die Absicht des Architekten gewesen zu sein, hieraus ein Massenprodukt zu machen, so daß der Bauherr telefonisch eine zusätzliche Kapsel oder die neueste Entwicklung auf diesem Gebiet bestellen kann, was die Konsumgesellschaft wohl an ihre absoluten Grenzen führt. Damit war man beim austauschbaren Wohncontainer angelangt, den man per Anzeige bestellen kann. Die Tatsache, daß dieser Übergriff des Massenmarkts auf den häuslichen Bereich nicht gelang, beweist, daß die Befriedigung des inneren Strebens nach Dauer eine der wesentlichsten Aufgaben eines Heims ist. Die visuelle Stabilität des Heims ist noch immer einer der Faktoren, die Sicherheit und Schutz gewährleisten, und zwar nicht nur vor dem Wetter, sondern vielleicht gerade auch vor der Konsumgesellschaft. Kurokawa scheint sich dessen selbst beim Entwurf dieses Hauses bewußt gewesen zu sein, denn er mildert die konsequente Aussage durch einen Hauch an wohnlicher Atmosphäre. Die leicht versetzten Geschoßebenen, die Dekoration und die Farbgebung bringen in die abstrakte Idee doch eine gewisse Poesie ein.

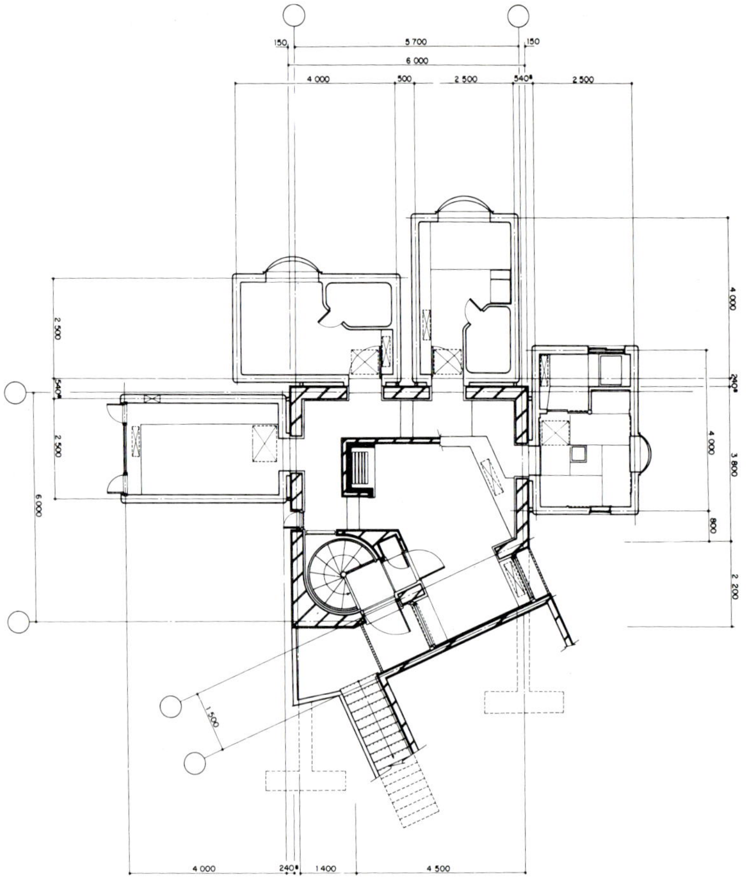

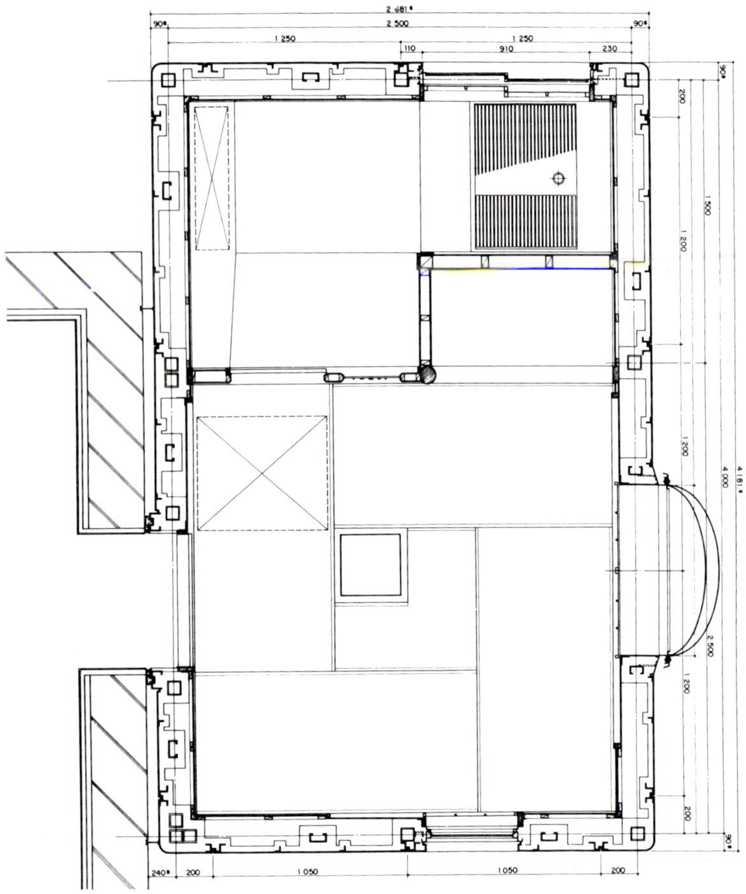

3. Gesamtgrundriß.
4. Grundriß der Kapsel für die Teezeremonie.

5. Der Wohnraum im zentralen Kern.
6. Die Kapsel für die Teezeremonie.

Haus Serras, Canovelles, Spanien, 1980/81
Architekten: Josep Martorell/Oriol Bohigas/ David Mackay

Die Freiheit, die sich in der Unendlichkeit der Prärie findet, inspirierte Frank Lloyd Wright zum offenen Grundriß, mit dem er seine Vorstellung von der persönlichen Freiheit innerhalb der Familie zum Ausdruck brachte. Für Le Corbusier befreite die neue Technik von Stützen und Deckenplatten die Wände von ihrer Aufgabe des Tragens. Vor allem diesen beiden Architekten verdanken wir die Idee von der befreienden Wirkung eines offenen Grundrisses mit beliebig angeordneten Trennwänden, der es dem Raum erlaubt, durch das Innere des Hauses zu fließen, und der wie ein Frühlingswind die winterlichen Spinnweben von einer Gesellschaft hinwegbläst, die durch Ignoranz in ihren eigenen Traditionen gefangen war. Periodische Wechsel sind gut und wichtig, vergleichbar dem Wechsel, der regelmäßig bei demokratischen Regierungen stattfindet. Beim Entwurf des Hauses Serras wurde klar, daß – obwohl man diesen periodischen Änderungen Rechnung trug – die traditionelle städtische Struktur des Gebäudes, das an einem Erschließungskorridor hängt, der durchaus seinen Reiz hat, nicht aufgegeben zu werden brauchte. Denn der Durchgang wird zur Straße und die Räume zu Häusern, die unabhängig voneinander sind und wechselnde Nutzungen zulassen. Ein offener Grundriß gestattet zeitlich und räumlich sich überschneidende Nutzungen. Dies bringt jedoch Einschränkungen für die Freiheit derjenigen mit sich, die in diesen Räumen leben. Das Problem des Hauses Serras lag darin, diese beiden Forderungen in Einklang zu bringen.
Ein Haus wird jedoch heute nicht mehr als vollständig angesehen, wenn es sich nur aus dem Raum im Inneren entfaltet, vergleichbar der persönlichen Entwicklung des Emile von Rousseau. Es nimmt auch einen Platz innerhalb des sozialen Umfelds ein, von dem es ein Teil ist. Daher muß das Äußere ein erkennbares Ganzes, eine Einheit darstellen. Diese beiden Kräfte, die innere Entwicklung und die äußere Disziplin, treffen an der Außenwand oder am Rahmen aufeinander, wo die Differenzen aufgelöst oder ausgeglichen werden müssen. Wenn die innere Kraft dominiert, entsteht ein Gebäude, das aus einer Ansammlung von Teilen besteht; wenn die äußere Kraft dominiert, wird der Grundriß eingeengt.
Zu den Konflikten zwischen dem geschlossenen und dem offenen Grundriß, zur Einschätzung der Tradition und den daraus resultierenden Überlegungen hinsichtlich der angemessenen Gestaltung des Gebäudeäußeren kommen noch die besonderen Vorstellungen des Bauherrn und die Tauglichkeit des Geländes. Die Lösung dieser einzelnen, miteinander im Zusammenhang stehenden Probleme muß schließlich der autarken Disziplin der Konstruktion und dem vagen, vom Geschichtsbewußtsein bestimmten Geschmack (womit die Frage des Stils berührt ist) untergeordnet werden. Ohne daß es vorgibt, die Schwierigkeiten, die durch diese Probleme entstehen, verringert zu haben – wenn alle bewältigt wären, würde zugleich das Leben aus der Architektur weichen und das Vergnügen an ihrem Gebrauch verlorengehen –, macht das Haus Serras das Wesentliche der Architektur hinsichtlich der Realität und Bedeutung eines Hauses, das nie unpersönlich sein kann, deutlich.
Das Haus liegt am Südhang verlassener, terrassenförmiger Weinberge und besteht aus zwei Flügeln auf jeder Seite eines axialen Korridors, die gegeneinander versetzt sind, um das Gebäude dem diagonalen Gefälle des Hangs anzupassen. Das Dach des tiefer liegenden Flügels wird zur Terrasse des oberen Flügels. Die vom Eingang auf der Westseite durch das Innere führende Achse fällt von der Mitte des Wohnraums neben den Schlafräumen ab, um dann in den eingegrenzten Terrassengarten im Osten einzumünden. Dieser Korridor, der die axiale Ordinate des Hauses darstellt, wird mehr durch den Bewegungsablauf als durch sein Volumen wahrgenommen; man muß sich sein Vorhandensein bewußt machen, er drängt sich nicht auf. Die Bedeutung dieser Achse wird eingeschränkt durch eine parallel angeordnete Passage, die am Wohnraum vorbeiläuft und vom Garagenvorraum am Eingang direkt zu den Kinderzimmern führt, wodurch der Schutz der privaten Sphäre der Familie erhöht wird.
Durch die Berücksichtigung der unterschiedli-

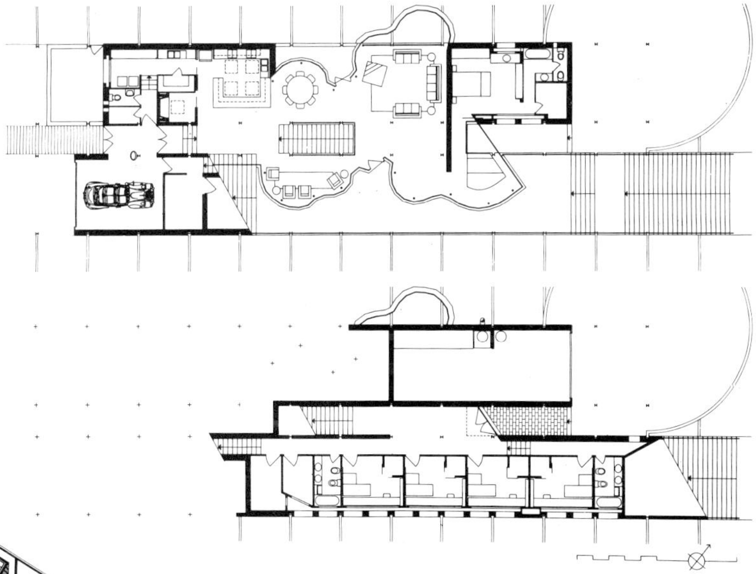

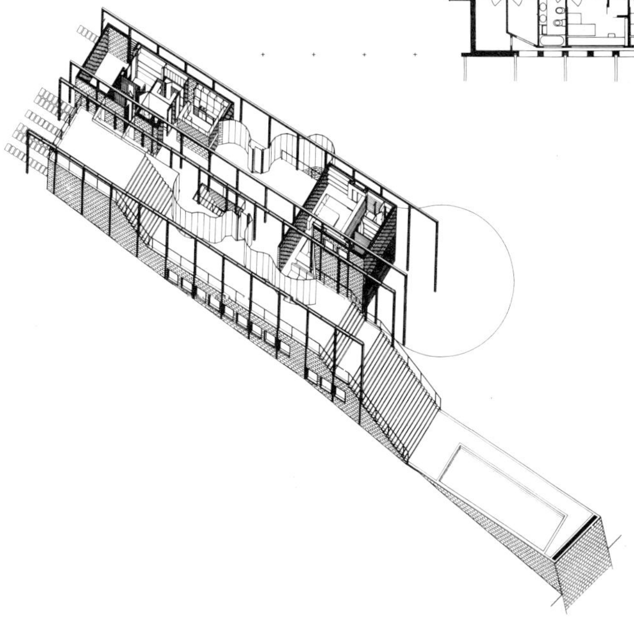

1. Gesamtansicht von Süden.
2. Lageplan.
3. Grundrisse des Haupt- und Untergeschosses.
4. Axonometrie.

chen Abläufe im Familienleben, das sich zum Teil in ineinandergreifenden Räumen, zum Teil in geschlossenen Räumen abspielt, »beruhen die familiären Beziehungen innerhalb des Hauses auf einer lebendigen Interaktion und nicht auf einer gesetzmäßigen Unterordnung unter ein architektonisches Muster«, um eine Aussage von Norris Smith über das Haus »Fallingwater« von Frank Lloyd Wright zu zitieren. Die orthogonalen, konventionelleren Räume, wie die Küchenarbeitsräume und das Elternschlafzimmer, sind abgetrennt, um hier eine gewisse Nachlässigkeit, wie sie das Alltagsleben mit sich bringt, zu ermöglichen. Nur der Eßbereich, dessen Förmlichkeit durch die Nähe zur offenen, aber dennoch eingegrenzten Küche aufgelockert wird, ist besonders festgelegt. Um diesem freien, offenen Grundriß Gestalt zu geben, griff man auf den gekurvten Grundriß eines Glashochhauses (1921) von Mies van der Rohe zurück, den man genau reproduzierte.

Da die natürliche Umgebung des Hauses am besten zur Geltung zu bringen war, wenn die Spuren der ursprünglichen landwirtschaftlichen Nutzung erhalten blieben, wurden die eigentlichen »Gartenbereiche« mit in das Gebäude einbezogen. Die Ähnlichkeit mit einem Schiff war die Basis für den Dialog zwischen dem städtischen Charakter des Hauses und der Natur. Aus diesem Grund entschied man sich für eine förmliche Außengestaltung, die bewußt in Kontrast zur Natürlichkeit der ländlichen Umgebung gesetzt ist und nur durch die Zypressen etwas aufgelockert wird, die wie von den Decks des Hauses ausgeworfene Bojen wirken. Die Stahlkonstruktion ist bis über die Dachterrassen hinaufgezogen, um die Freiräume zu begrenzen und die Sonnensegel zu tragen, die über die kritischen Bereiche gespannt sind. Die Außenwände bestehen aus zwei Schichten, aus der äußeren mit den Öffnungen, die für die geordnete Gliederung der Fassade von Bedeutung sind, und aus der inneren mit den Öffnungen, die dem Funktionsablauf im Inneren entsprechen. Diese doppelte Fassade ermöglicht Öffnungen in unterschiedlichen Abmessungen und fungiert gleichzeitig als mikro-klimatischer Regler zwischen dem Inneren und dem Äußeren.

5. Der verglaste Wohnraum von Norden.
6. Der Eingang von Westen.

7. Die getreppte Terrasse von Osten.
8. Die Terrasse.
9. Detailansicht der Doppelfassade.

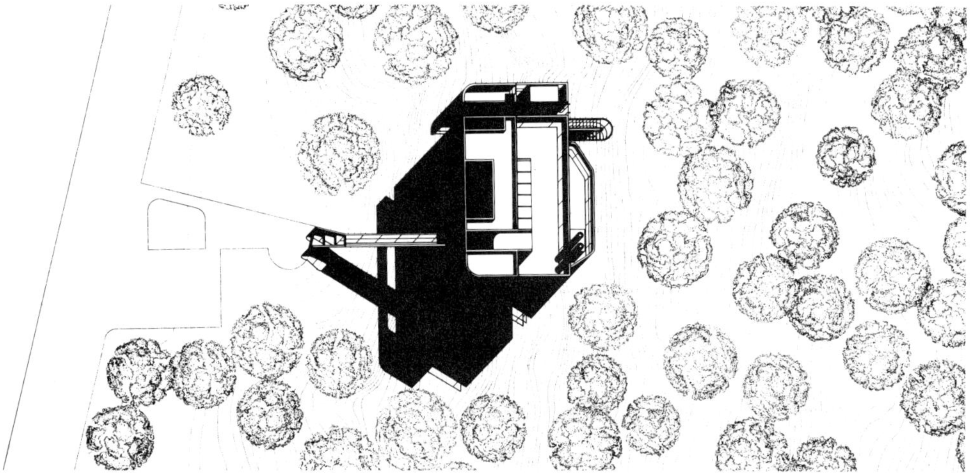

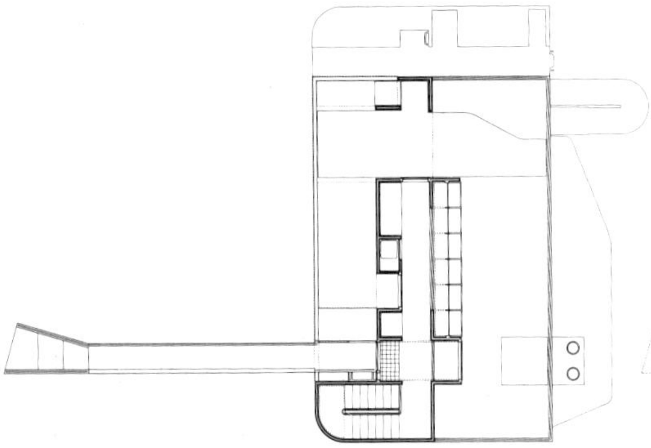

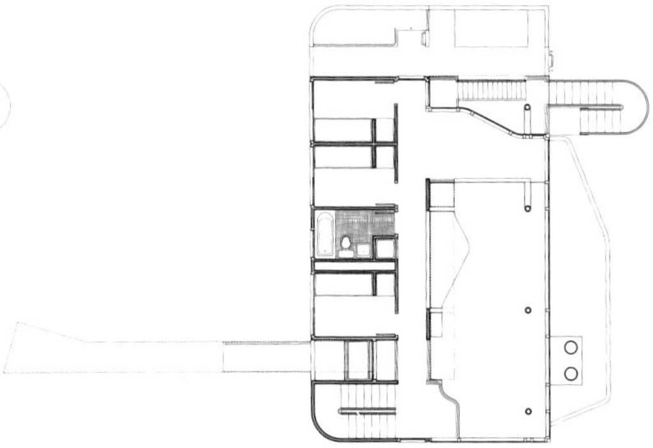

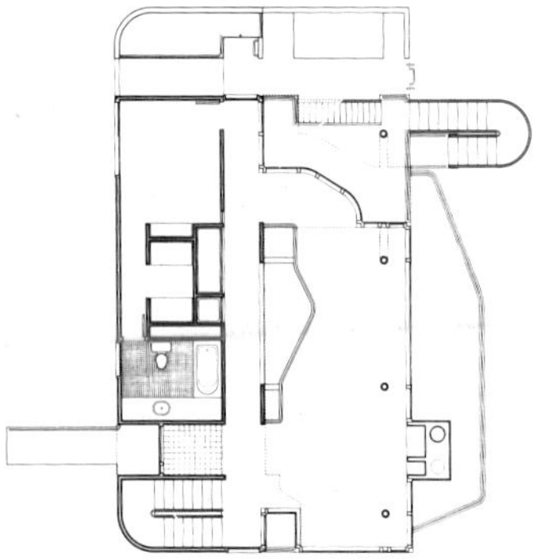

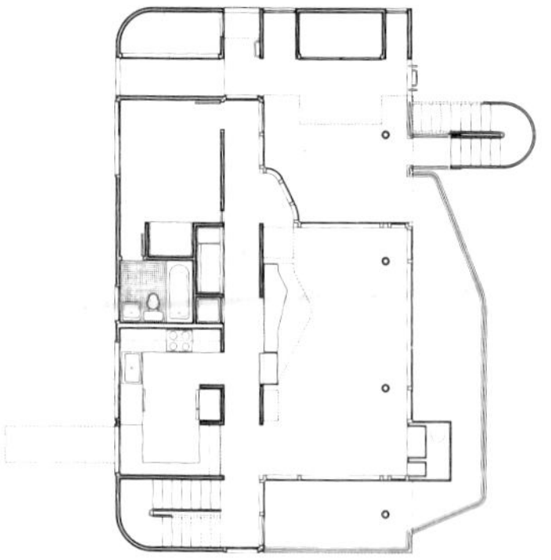

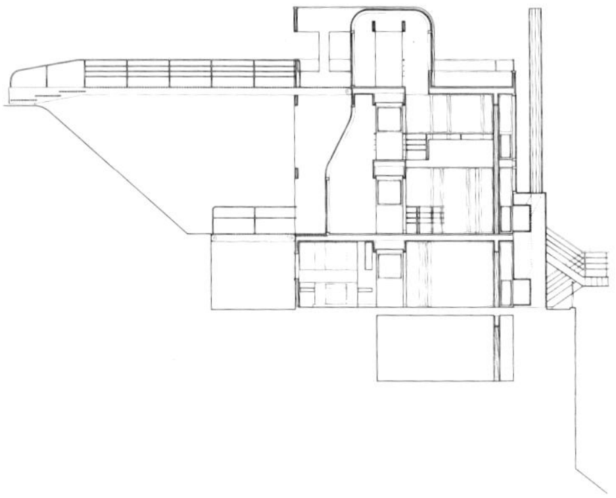

1. Lageplan.
2. Grundriß der Dachebene.
3. Grundriß der oberen Ebene.
4. Grundriß der mittleren Ebene.
5. Grundriß der unteren Ebene.
6. Schnitt.
7. Blick vom See auf das Haus.

Haus Douglas, Harbor Springs, Michigan, 1971–73
Architekt: Richard Meier and Associates

Aus der Gruppe der New York Five ragt Richard Meier durch besondere Eleganz heraus und, da er über mehr Erfahrung im Entwurf und in der Ausführung von Gebäuden als die übrigen Mitglieder verfügt, auch durch besondere Vielseitigkeit. Weitergehende Vergleiche wären müßig, denn jeder der fünf hat natürlich seinen eigenen, ganz persönlichen Beitrag auf dem Gebiet der Architektur geleistet. Der Glaube, daß die Architektur nur noch als autonome Disziplin ihre Rolle in unserer kulturellen Szene spielen kann, hat die fünf (Eisenman, Graves, Gwathmey, Hejduk, Meier) zu Beginn der siebziger Jahre zusammengeführt.
Was zuerst auffällt, ist die bewußte Anknüpfung an den Architekturstil der dreißiger Jahre. Zu einem Zeitpunkt, als man sich wegen ihrer kommerziellen Korrumpiertheit und offensichtlichen Unfähigkeit, historische Inhalte aufzunehmen, von der modernen Bewegung abwandte, gelang den New York Five so etwas wie ein wiederbelebter International Style, der nach amerikanischem Verständnis rein stilistischer und formaler Natur ist und ans Skulpturale grenzt, aber nach amerikanischem Verständnis auch möglich ist, denn der konkrete Gebäudetyp, der jedem der (von den fünf entworfenen) Häuser zugrunde liegt, wurzelt in der amerikanischen Tradition des Farmhauses in leichter Holzbauweise, ohne welche der Bau dieser Häuser niemals möglich gewesen wäre. Eine Konstruktion aus Holz und Stahl, ergänzt durch einen Topf weißer Farbe, läßt kaum strukturelle und wirtschaftliche Probleme aufkommen.
Das Haus Douglas, das völlig frei an einem steilen, mit Kiefern bewachsenen Hang mit Blick auf den Lake Michigan liegt, erweckt nach den Worten des Architekten den Eindruck, »als sei es auf das Grundstück abgeworfen worden, ein maschinell gefertigtes Objekt, das in einer natürlichen Welt gelandet ist. Der dramatische Dialog zwischen dem Weiß des Hauses und dem Blau und Grün des

Wassers, der Bäume und des Himmels bewirkt nicht nur, daß das Haus seine Präsenz behauptet, sondern daß die Schönheit seiner natürlichen Umgebung durch die Kontrastwirkung noch betont wird.« Die Beziehung des Menschen zur Natur definiert sich in seinem Domizil eher durch den Kontrast als durch Assimilation. Der Mensch hat sich in seiner Gegensätzlichkeit behauptet.

Man betritt das Haus auf der obersten Ebene über eine von der Straße kommende Brücke. Von der kleinen Eingangshalle führen eine Treppe und ein Servicelift hinunter in die drei tiefer liegenden Geschosse. Durch die Mitte des Hauses zieht sich auch ein Lichtschacht nach unten, der nicht nur eine vertikale Verbindung, sondern in jedem Geschoß auch eine horizontale Verbindung zu den öffentlichen und privaten Bereichen herstellt, die entlang den untereinandergelegenen zentralen Fluren angeordnet sind. Von der Halle führt die Treppe zu den Kinderzimmern hinunter, denen eine in den zweigeschossigen Wohnraum hineinkragende Galerie vorgelagert ist, dann zum Wohnraum selbst, hinter dem sich der Elternschlafraum befindet, und schließlich zum Speiseraum, zur Küche und zu einem zusätzlichen Schlafraum. Mit einer Reihe von Terrassen und Außentreppen an der Südseite des Hauses nimmt der Entwurf konsequent »die Metapher eines an Land festgemachten Schiffes« auf, und zwar komplett mit Holzdecks und Stahltreppen. Ungeachtet der Metapher geht Meier »über die Theorie hinaus« (was für einen praktisch tätigen Architekten auf der Hand liegt), er geht auch »über den historischen Bezug hinaus« (was nicht ganz so deutlich auf der Hand liegt, wenn die Gegenwart als ein Teil der Geschichte verstanden wird) und meditiert über »Raum, Form, Licht sowie deren Gestaltung«. Und er fügt hinzu: »Mein Ziel ist das Gegenwärtige, nicht die Illusion, und ich verfolge es mit unvermindertem Nachdruck.« Durch seine formale Strenge erzielt er die Wirkung großer Schönheit. Diese wird nicht in Zweifel gezogen, aber das Wetter am Lake Michigan hat nur zu schnell mit derselben Strenge seine Spuren an diesem prismatischen Gebilde hinterlassen, was ohne Zweifel durch die Tatsache beschleunigt wurde, daß das Haus nur zu bestimmten Jahreszeiten bewohnt wird. Es wäre absurd, diesem Haus seinen Anteil an der Erneuerung der Architektur absprechen zu wollen, »nur weil das Dach undicht ist«, wie Frank Lloyd Wright in einem ähnlichen Zusammenhang formulierte. Das Bemühen um die Form unter Berücksichtigung von Raum, Kontur und Licht ist in der Architektur nicht minder wichtig, wenn wir uns an unserer Umwelt erfreuen wollen.

8. Die Eingangsseite.
9. Der Wohnraum.
10. Blick durch den zentralen Raum nach oben.
11. Blick durch den zentralen Raum nach unten.

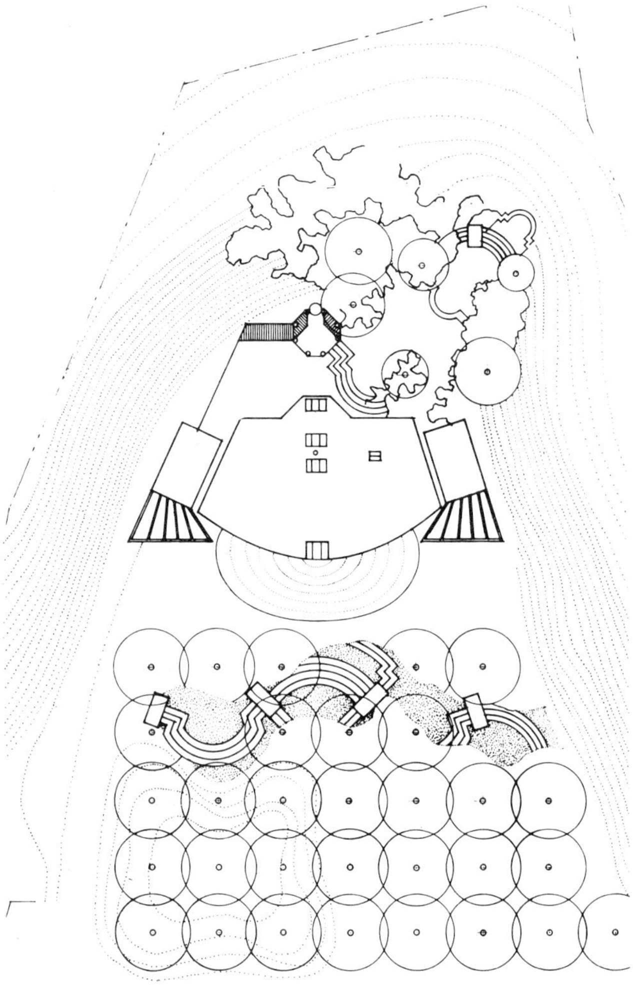

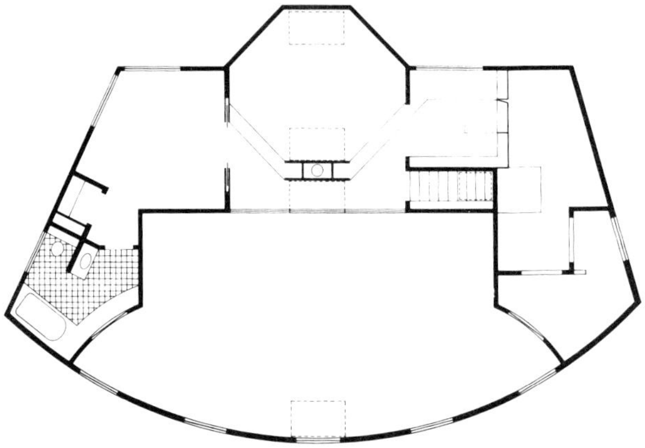

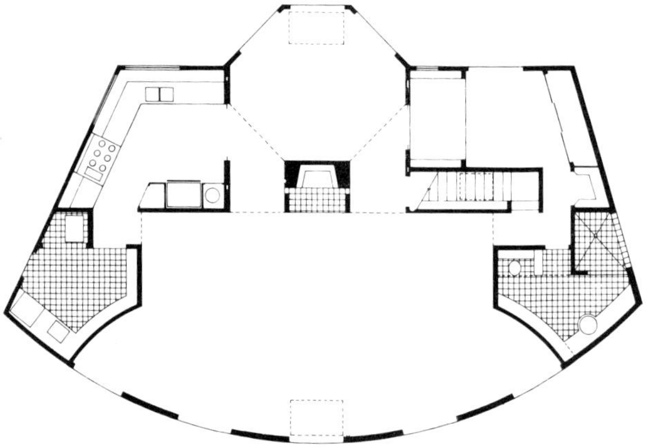

Haus Rodes, Los Angeles, Kalifornien, 1976–79
Architekten: Moore/Ruble/Yudell

Charles Moore ist wahrscheinlich der produktivste Entwerfer von Wohnhäusern nach Frank Lloyd Wright. Durch die Teamarbeit mit mehreren Partnern ist es schwierig, den tatsächlichen Beitrag von Moore selbst zu bestimmen. Wenn einige seiner Arbeiten besser sind als andere, kann das mit seinem persönlichen Engagement bei der Verwirklichung der Erwartungen des Bauherrn an den Entwurf zusammenhängen oder auch nicht. An der einen hier ausführlich dargestellten Arbeit läßt sich kaum die Breite des Spektrums seiner Entwürfe ablesen, deren Motiv es ist, seine Aufmerksamkeit mehr der Persönlichkeit des Bewohners und dessen Interessenspektrum zu widmen als dem bewohnten Raum selbst.
Man sagt, daß Moores umfangreiches Werk vom Hauptstrom der modernen Bewegung abweicht. Eben dieser »Abweichung« sollte unser Interesse gelten, wenn wir uns vergewissern wollen, ob sich hinter der offensichtlichen Frivolität seiner Entwürfe etwas Positives verbirgt. Diese Frivolität äußert sich in einer fast kindlich sprunghaften Phantasie, wirkt aber erfrischend in ihrer unmittelbaren Beziehung zum Ort und zu den volkstümlichen Vorstellungen von einem Wohnhaus. Moore verläßt mit seinen Wohnhausentwürfen schon fast den Boden der Realität, obwohl er sich in seinem architektonischen Schaffen als Realist versteht. Seine Entwürfe sind die Verwirklichung der Vorstellung vom Traumhaus, die jeder von uns in sich trägt, und lassen unseren Wunschträumen einen solchen Spielraum, wie er bei anderen Häusern, die sich mehr auf Architektur im engeren Sinn beschränken, nicht anzutreffen ist.
Das Haus Rodes, das am Ende einer flachen Talsenke liegt, weist eine strengere geometrische Form auf als die meist wie zusammengewürfelte Schuppen wirkenden anderen Bauten von Moore. Dies ist auf die technischen

1. Lageplan.
2. Grundriß des Erdgeschosses.
3. Grundriß des Obergeschosses.
4. Gesamtansicht.

Probleme zurückzuführen, die sich ergaben, als man feststellte, daß die Bodenverhältnisse in diesem Tal ungünstig waren. Die ursprüngliche Überlegung war die, brückenartige Fachwerkträger über das enge Tal zu spannen. Obwohl jedoch als endgültige Lösung eine Plattenbalkenbrücke gewählt wurde, behielt man die ursprüngliche Grundrißform bei. Aber die Grundidee stammte wie immer vom Bauherrn, einem unverheirateten Englischprofessor, der als ein Gourmet besondere Anforderungen an die Gestaltung des Speiseraums stellte und außerdem eine Art Freilichtbühne für Gastspiele von Theatergruppen wünschte – und das alles bei einem bescheidenen Budget. Aus den speziellen Bedürfnissen des Bauherrn ergab sich ein einfaches symmetrisches Haus, dessen Zentrum ein Kaminblock ist, der durch ein Oberlicht ins Freie ragt und einen Angelpunkt zwischen dem achteckigen Speiseraum und dem gerundeten Wohnraum bildet. Die übrigen Räume sind klein (das Schlafzimmer ein Alkoven mit einem »Thomas-Jefferson-Bett«, Arbeits- und Gästezimmer auf der Galerie), um mehr Raum für die Theaterveranstaltungen zur Verfügung zu haben.

Die gebogene Fassade, die in eine ovale Terrasse übergeht und durch umrahmte Fenster, französische Türen und ein Oberlicht gegliedert ist, das so in das niedrige gewölbte Profil eingeschnitten ist, daß der Eindruck entsteht, als fehle der Schlußstein, verleiht der symmetrischen Form den gewünschten Bühneneffekt. Die leicht gerundete Apsis wirkt allerdings, da sie von außen gesehen konvex ist, abweisend wie ein geschlossener Theatervorhang, hinter dem kein Platz für die Schauspieler ist. Die zerbrechlich erscheinenden Pergolen an beiden Seiten des Hauses heben die negative Wirkung der Fassade zum Teil auf, schaffen jedoch nicht genügend Spannung. Wenn man für eine volkstümliche Architektur plädiert, erhebt sich das Problem, daß das einseitige Engagement für die Durchsetzung populärer Bestrebungen die Gefahr birgt, daß der Blick für die Gesamtverantwortung verlorengeht und damit auf lange Sicht die Kreativität ebenso beeinträchtigt wird, als wenn man den kulturellen Aspekt in den Mittelpunkt stellt.

5. Perspektive.
6. Der Innenraum.

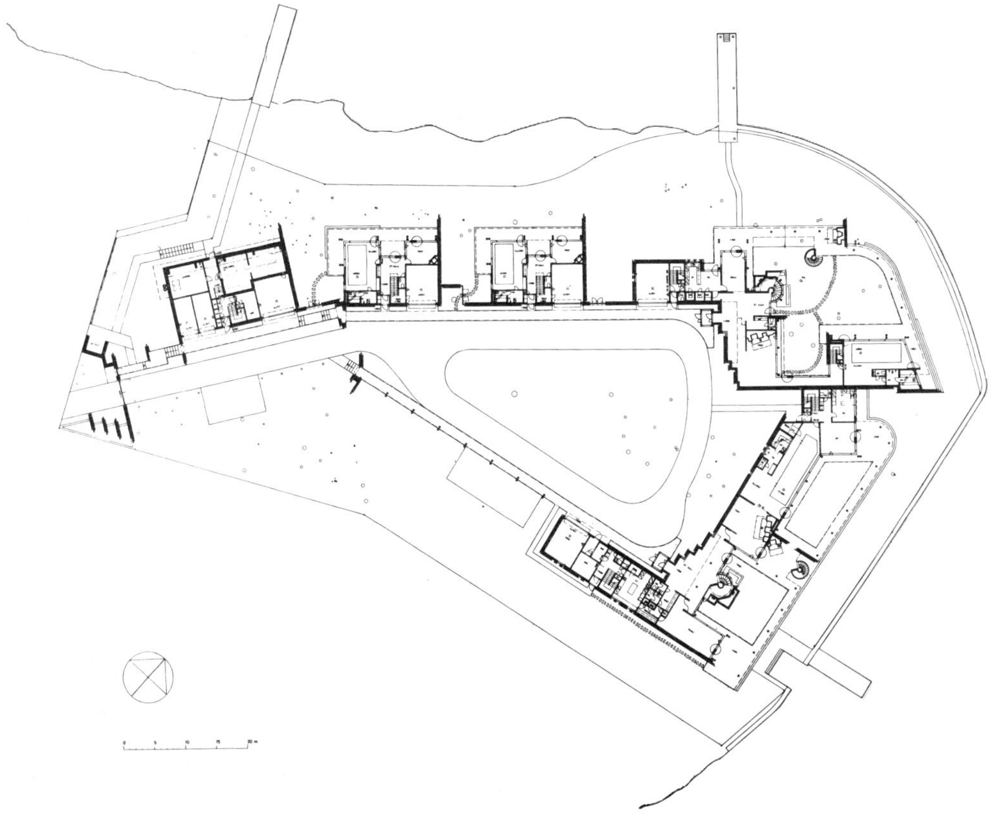

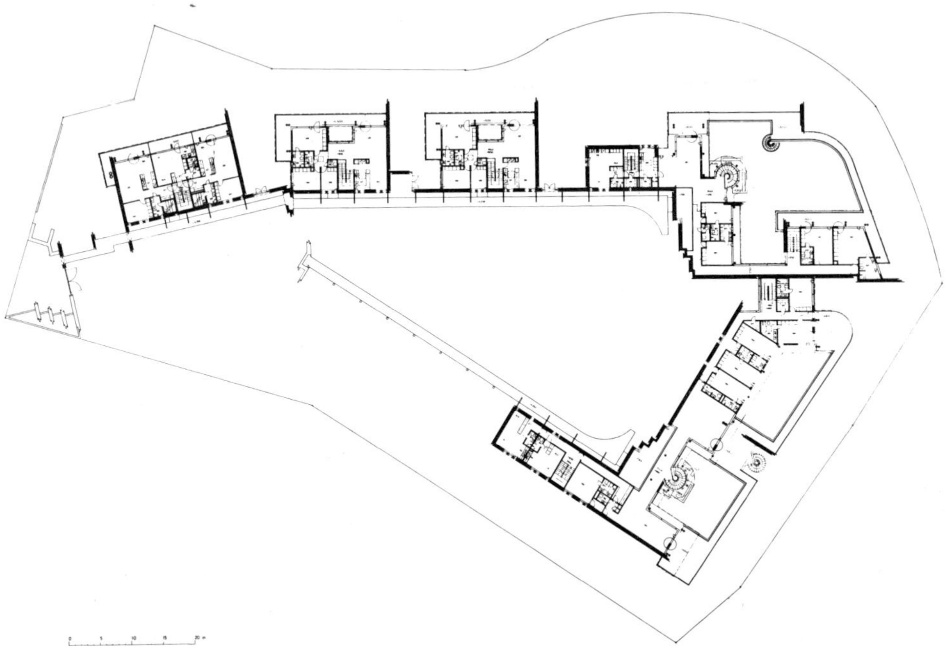

1. Grundriß der Erdgeschoßebene.
2. Grundriß der Obergeschoßebene.
3. Der Eingang.

Haus Hirviniemi, Helsinki, 1977
Architekten: Timo Penttilä und Heikki Saarela-Lind

Noch heutzutage ist das Haus in einigen ländlichen Gegenden eine komplexe soziale Einheit von verschiedenen Gebäuden, in denen Arbeit und Familienleben eine einzige wechselseitige Aktivität darstellen. Daher entspricht die Idee eines Einzelhauses nicht unbedingt einer sogenannten traditionellen Zwei-Generationen-Familie. Es gibt sicherlich viele Varianten, die über den Rahmen dieses Buches hinausgehen, aber das Haus Hirviniemi wurde nicht nur wegen seiner Architektur, sondern auch wegen seiner unerwarteten Komplexität aufgenommen, die den besonderen Anforderungen des Bauherrn sowie den klimatischen und geographischen Bedingungen des Ortes entspricht. Da sich die Art, wie sich eine Familie als soziale Einheit konstituiert, nicht länger auf eine einzige Möglichkeit beschränkt, überrascht es nicht, daß die Wohnhausarchitektur in den siebziger Jahren endlich anfing, diese Realität zu reflektieren. Das Haus Hirviniemi stellt offenkundig eine sehr anspruchsvolle Lösung dar und hat wenig mit den Kommunen zu tun, die im allgemeinen von jüngeren Leuten in den westlichen Kulturen gegründet wurden.

Das Haus Hirviniemi besteht aus fünf Pavillons, die um einen dreieckigen Hof mit Blick auf den See angeordnet sind. Die Einfassungsmauer des Hofes ist zwei Stockwerke hoch. An einer Seite führt ein von Strebepfeilern gehaltener überdachter Gang zu den Eingängen von vier Pavillons. Auf der Südseite befindet sich ein weiterer überdachter Gang, der, von außermittigen Säulenpaaren getragen, eine Schutzwand bildet und zum fünften und größten Pavillon führt, der als diplomatische Residenz mit häufiger Bewirtung im großen Rahmen Verwendung finden wird. Der Zugang zum Hof erfolgt durch eine kurze Auffahrt vom Haupttor entlang dem ersten Pavillon, der Anschluß- und Technikräume sowie zwei kleine Wohnungen im oberen Stockwerk enthält, zu einem zweiten Tor, wo die Auffahrt abbiegt und in den Hof selbst mündet. Die Trennung zwischen der Privatsphäre der Pavillons und dem Hof wird unterstrichen durch die große, steinverkleidete Wand, die zugleich jeden Pavillon vom andern trennt. Diese als Abschirmung dienenden Wände scheinen mit ihrer vorspringenden Steinverkleidung über der kupferfarbenen Basis zu fließen. Als Gegensatz zu dieser senkrechten Abschirmung

spielt die Waagrechte, als ein Teil des finnischen Erbes, ihren Part durch die sorgfältig entworfenen Dachüberstände aus weißem, gekurvtem Beton und, dazu kontrastierend, dunkelbraunem Kupferblech sowie gebeiztem Oregon pine.

In den Erdgeschossen befinden sich neben den Eingängen die Küchen und Eßzimmer sowie Saunen, Hobbyräume und Schwimmbecken, während im Obergeschoß, oberhalb der Schneelinie, die Wohn- und Schlafräume untergebracht sind.

Das Interessante an dieser über einen Hof erschlossenen Anlage ist, daß dieser öffentlich ist und die Privatsphäre der Pavillonbewohner dadurch geschützt wird, daß sie ihm den Rücken zukehren, eine Umkehrung der üblichen sozialen Funktion eines geschlossenen Äußeren. Dies hat den Vorteil, daß erzwungene soziale Beziehungen durch unmittelbare Nähe vermieden werden.

4. Der Eingangshof.
5. Die Seeseite.

6, 7. Der Eingangshof der Botschaft.
8. Treppe.

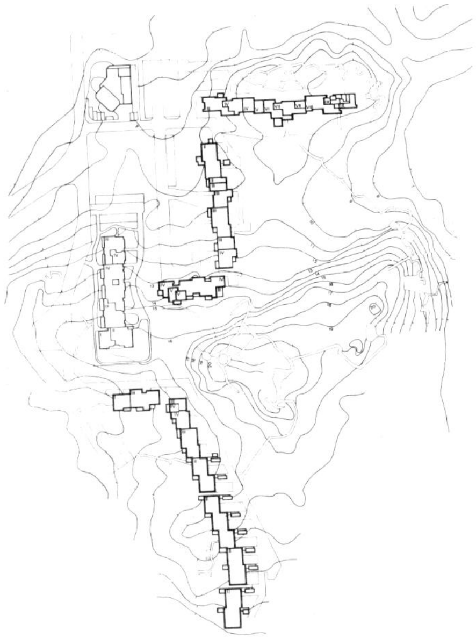

1. Lageplan von Suvikumpu.
2. Grundrisse.
3. Aufrisse.
4. Skizze.
5. Die Westseite.

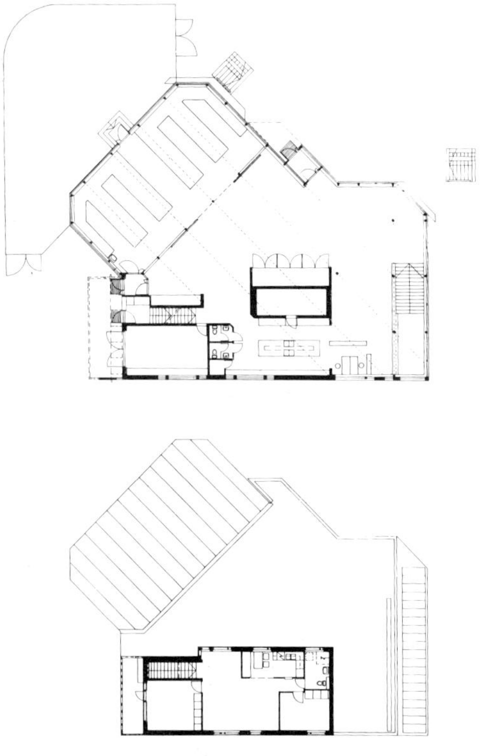

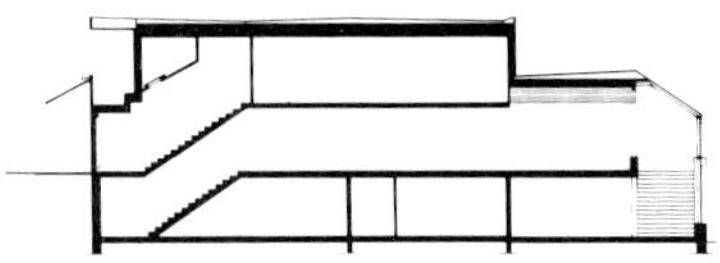

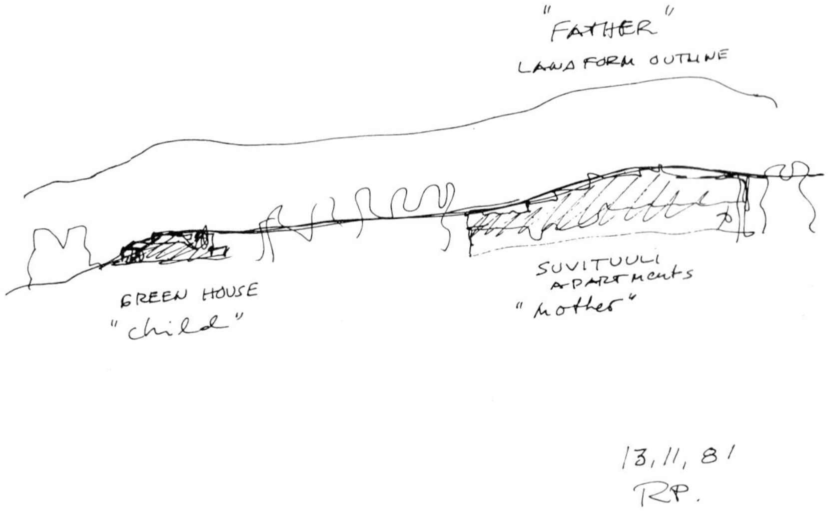

Haus Kuukkatalo (Grünes Haus), Helsinki, 1978
Architekten: Raili und Reima Pietilä

Wir schulden den nordeuropäischen Ländern eine Menge wegen ihres doppelten Engagements für das Ideengut der modernen Bewegung und für die Ursprünge ihrer eigenen Kultur. Das Grüne Haus von Pietilä birgt eine große Bedeutungsvielfalt in sich, die auf den Wirbel architektonischer Überlegungen in den siebziger Jahren zurückzuführen ist. Sie zeigen uns eine andere Seite des Humanismus in der Architektur und ein tieferes Verständnis des Funktionalismus. Wir können diesem Verständnis dank der Anmerkungen von Roger Connah näherkommen, der eng mit Pietilä zusammengearbeitet hat.

Das Grüne Haus selbst ist ein Blumen- und Pflanzengeschäft mit einer kleinen Wohnung für die Familie. Die Plazierung des Pavillons am Rand des Hügels direkt neben dem Zugang zum Suvikumpu-Gelände war entscheidend für dessen Identität mit der bestehenden Wohnhausgruppe, die durch dieselben Architekten zwischen 1966 und 1969 gebaut wurde (ein zweiter Abschnitt mit der Bezeichnung Suvituuli ist gerade im Bau). Die Details sind bewußt auf Suvikumpu bezogen.

»Kurz gesagt handelt es sich um eine Studie der Nuancen; sowohl aus der Zeit des ursprünglichen Suvikumpu... und unter Berücksichtigung einer morphologischen Determinante, der Geländekontur. Das Gelände ›konturiert‹ praktisch den Grundriß und die Gebäudehöhe. Der Anstieg folgt der Form des Geländes in der Horizontalen und in der Vertikalen; die skulpturale Baumasse ist somit ein Abbild des natürlichen Geländes (siehe Skizze).

Die Gliederung der Fassade ist das Ergebnis einer Auseinandersetzung mit dem Vokabular von De Stijl... in Form einer Wiederholung oder einer Variation, aber auch mit dem finnischen Funktionalismus der sechziger Jahre. Diese Architektur wird durch die Farbe betont und gelockert... Der geometrisch wirkende Fensterrhythmus, der die Fläche gliedert, ›simuliert‹ den natürlichen Rhythmus von hell und dunkel innerhalb des Waldgeländes.

Ein drittes Element ist die Verwendung von Farbe und der Aspekt der Imitation. Der Sichtbeton darf in seiner Bedeutung nicht mit den von der brutalistischen Architektur angebotenen Lösungen verwechselt werden. Der Beton wurde absichtlich so bearbeitet, daß ein gerilltes Relief ähnlich wie bei Holzleisten entstand. Die in den Beton eingeprägte Holzmaserung und die Verwendung von grünen Farben drükken die von Pietilä beabsichtigte kulturelle Kritik bezüglich der Verwendung und Bedeutung von Beton aus. Der Eindruck ist ländlich. Beton imitiert Holz, das wiederum Beton imitiert. Eine langsame Versteinerung der Intentionen wird durch die Erinnerung an Holzleisten ins Spiel gebracht.

Pietilä verwendet drei natürliche Grüntöne zur Erhöhung der Nuancen zwischen der gebauten Form und dem benachbarten Wald. Die unterschiedlichen Grüntöne, die den Farben der Birke, der Kiefer und der Fichte entsprechen, zeigen die unzähligen Möglichkeiten innerhalb der eingeschränkten Subtilität des finnischen Funktionalismus. Die Hauptansicht des Grünen Hauses nach Suvikumpu zu besteht in Angleichung an die bestehenden Gebäude und das Gelände aus geriffeltem Beton, während in den anderen drei Richtungen, die die gärtnerisch genutzten Räume einschließen, Glas verwendet wurde. Der restliche Raum ist eine frei arrangierbare Fläche für

Blumen. Der Grundriß orientiert sich um die Diagonale herum (die durch das nach Südwesten zur Sonnenseite hin errichtete Treibhaus entsteht); große Holzleimbinder tragen das Dach, die Decken sind mit schwarz gestrichenen Weichholzleisten verkleidet, die Stützen bestehen aus unverkleideten, grün gestrichenen Metallprofilen. Der Rest ist weiß oder fast weiß.

Die Architektur des Grünen Hauses zeigt, zusammen mit Suvikumpu, eine ermutigende Abwendung vom importierten Modernismus (Bauhaus oder De-Stijl), der nun entsprechend seiner kulturellen und mythologischen Bedeutung in Finnland umgestaltet und umgedeutet wurde. Wie Pietilä im Jahr 1978 sagte: ›Es muß ein kosmisches Zusammengehörigkeitsgefühl entstehen, wie es ein finnischer Verehrer von Bäumen und Wald schätzt.‹«

6. Die Nordostecke.
7. Die vom Lagerraum im Kellergeschoß nach oben führende Treppe.
8. Die Nordostecke von innen.
9. Die Ostseite.

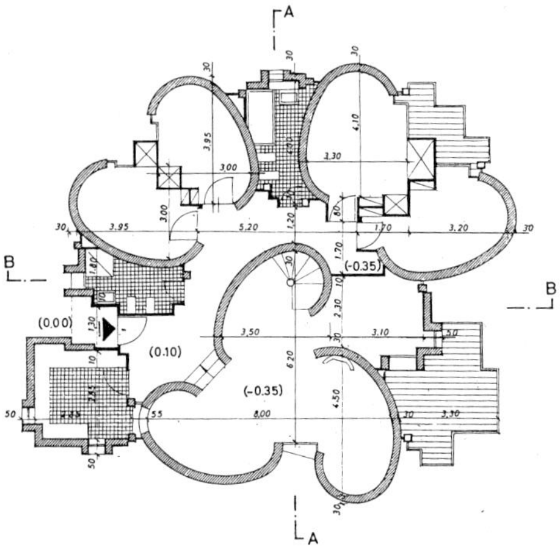

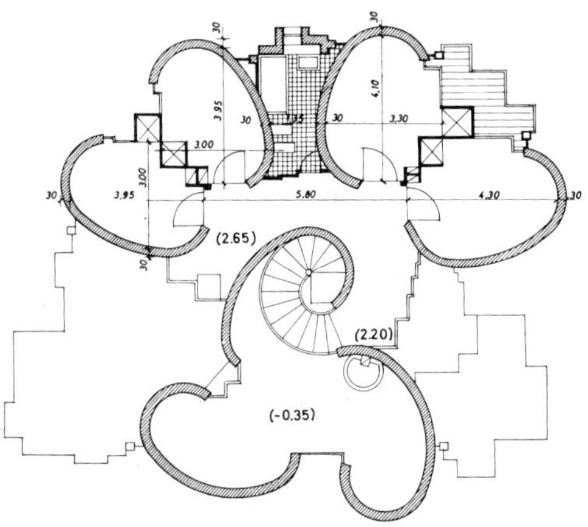

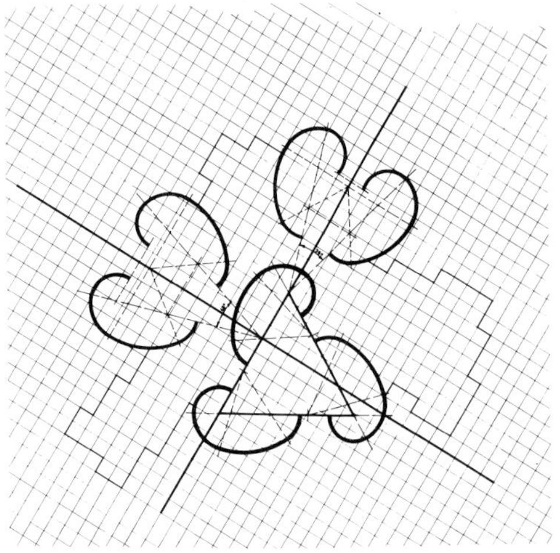

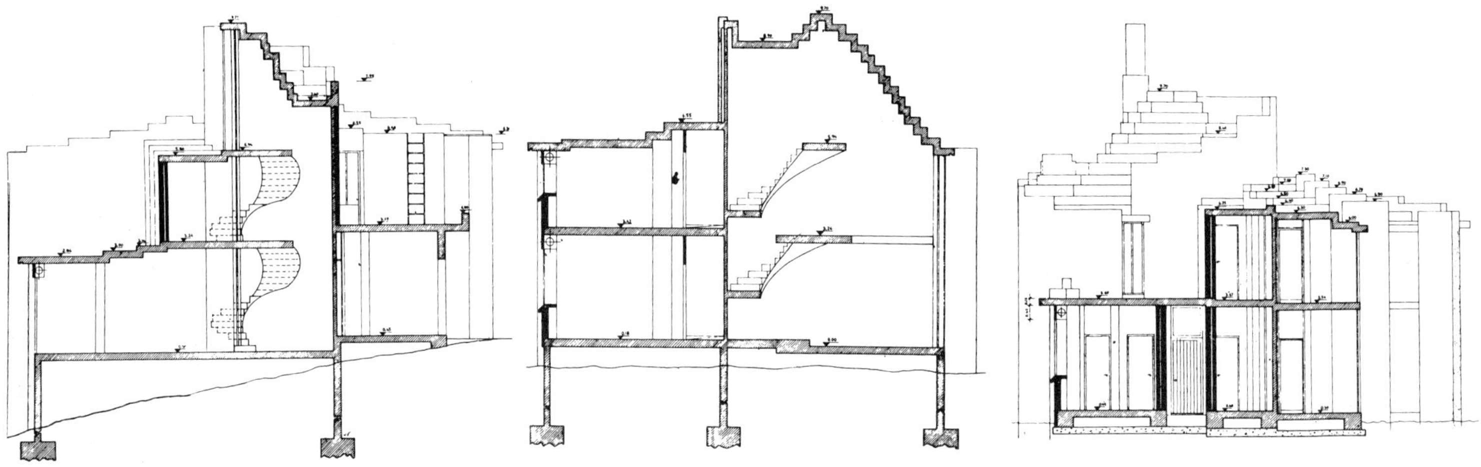

1. Grundriß des Erdgeschosses.
2. Grundriß des Obergeschosses.
3. Der geometrische Aufbau.
4. Schnitte.

Haus Bevilacqua, Gaeta, Italien, 1964–72
Architekt: Paolo Portoghesi

Die Form des Hauses Bevilacqua wirkt wie eine Übung in Barockarchitektur, die die Grenzen eines dynamischen Raumes erforscht, der in und um gekurvte Wände fließt, die gegen einen gebrochenen rechtwinkligen Rahmen gesetzt sind. Diese offensichtlich abstrakte Übung wird durch einen ausgeprägten Sinn für den Ort gemäßigt, der eine organische Disziplin in die im Grundansatz freien Formen bringt. Durch die starke Verdichtung am Rand entsteht Verwirrung im Maßstab, aber dies ist genau das, wonach der Architekt strebte, indem er sich auf den Raum und eine ständige Bewegung konzentrierte, die überfließt, sich verdichtet und rundum fließt und schließlich (sofern wir diesen Ausdruck bei einem unbegrenzten Raumfluß verwenden können) in Geborgenheit vermittelnden Bereichen mündet.

Dynamischer Raum, der nicht nur das Auge fasziniert, sondern auch zur Entdeckung einlädt, entsteht durch den Zusammenprall von zwei oder mehr formerzeugenden Systemen. Die Energie des Dialogs bei der Konfrontation setzt eine Spannung frei, die – wenn sie mit der Stimulierung von Geist und Körper einhergeht – die Vorstellung der Unendlichkeit bewirkt und die, je nach der Stimmung des Wahrnehmenden, das Gefühl der Ruhe angesichts der Grenzenlosigkeit oder der Angst vor dem Unbekannten hervorruft.

Auf der Suche nach Harmonie haben Form und Proportion eine wesentliche Rolle in architektonischen Studien und Betrachtungen gespielt. Ein bei den Architekten beliebter Autor, D'Arcy Thompson, ein Biologe, verband seine Studien über Naturformen mit der Suche nach Harmonie in einem universalen Gesetz. Das spiralenförmige Anwachsen eines Schneckenhauses, »dessen Windungen in der Breite kontinuierlich ansteigen und dies in einem beständigen und unveränderlichen Verhältnis«, war die Grundlage der mathematischen Studie des proportionalen Größenzuwachses durch gnomonische Addition, bei der dieselbe Form resultiert. Die Umgrenzung des Hauses Bevilacqua wird durch den Verbund von

5. Blick von Süden auf das Haus.

gleichwinkligen Spiralwänden erreicht, die zur Andeutung eines verlangsamten oder verringerten Wachstums in ihrer Form abgewandelt sind. Zwei Wandpaare fassen die Schlafräume ein, und die dritte Gruppe von drei Wänden, die zu einem gleichseitigen Dreieck verbunden sind, umschließt den zwei Geschosse hohen Wohn- und Eßraum sowie die Treppe. Im Obergeschoß befinden sich die Gästezimmer. Die kontrastreiche rechtwinklige Struktur, die die Lücken zwischen den drei Spiralgruppen schließt, enthält die Serviceräume und Terrassen, die über den Garten hinaus bis zum Klippenrand reichen.

Die Wachstumsdynamik, die durch den spiralförmigen Grundriß erzeugt wird, setzt sich im Haus durch die spiralförmige Treppe fort und mehr noch durch das abgetreppte Dach, das, innen und außen sichtbar, zum Kaminturm hin ansteigt, der wie ein Leuchtturm über dem grenzenlosen Meer in den Himmel vorstößt. Das weiße Dach stürzt zwischen den grauen Öffnungen der sich gegenüberliegenden Spiralen nach unten und bildet mit diesen eine harmonische Zweierkomposition. Die rüde hinzugefügte orthogonale Backsteinfassade bringt mit ihren manierierten und konventionellen Details die Traumwelt der Spiralen zurück auf den Boden der Realität. Der Schock muß beabsichtigt gewesen sein; vielleicht ist er überzogen worden, aber er erinnert daran, daß es schon nebenan konventionellere Nachbarn gibt.

6. Gesamtansicht von Nordwesten.
7. Blick von Südwesten auf das Haus.

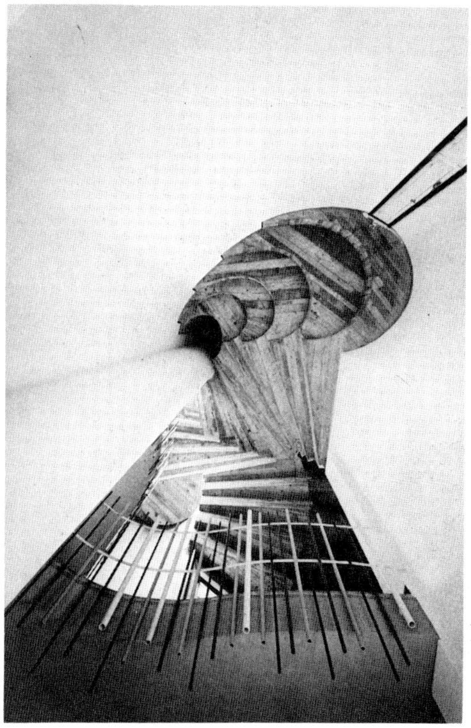

8. Das terrassierte Dach.
9. Eine Zwischenzone.
10. Blick auf die Decke.

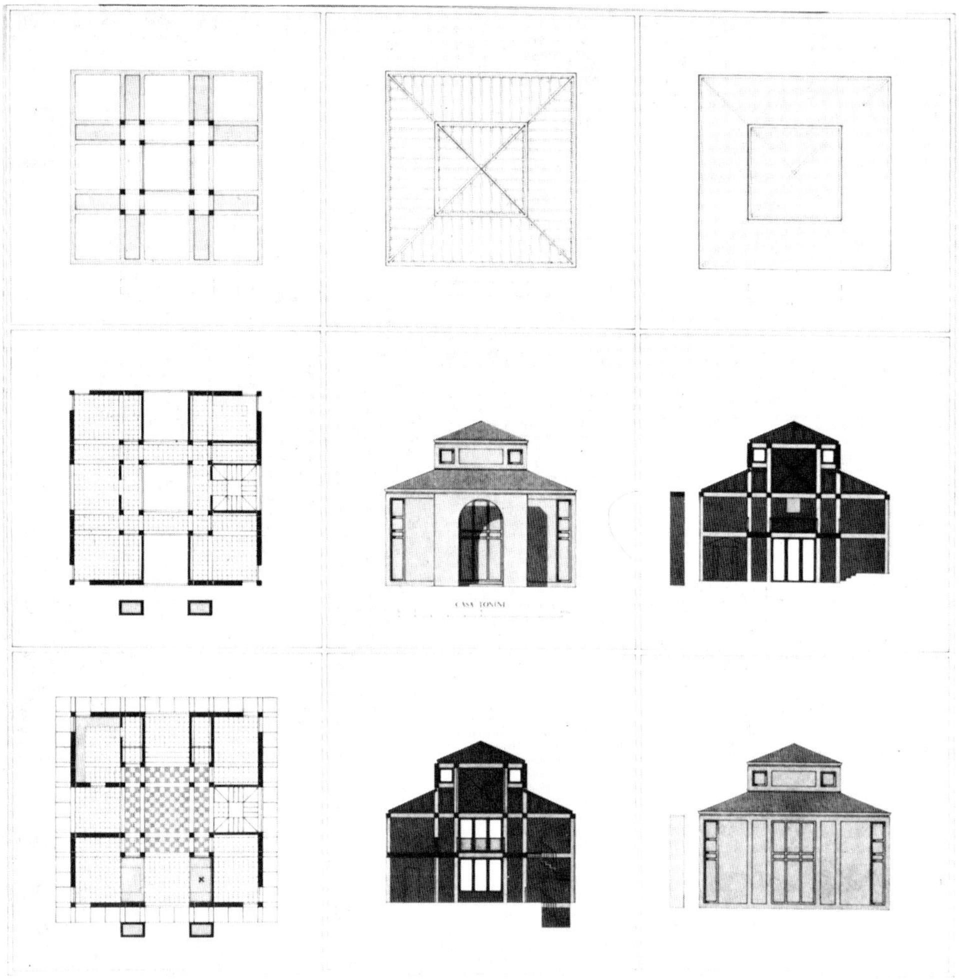

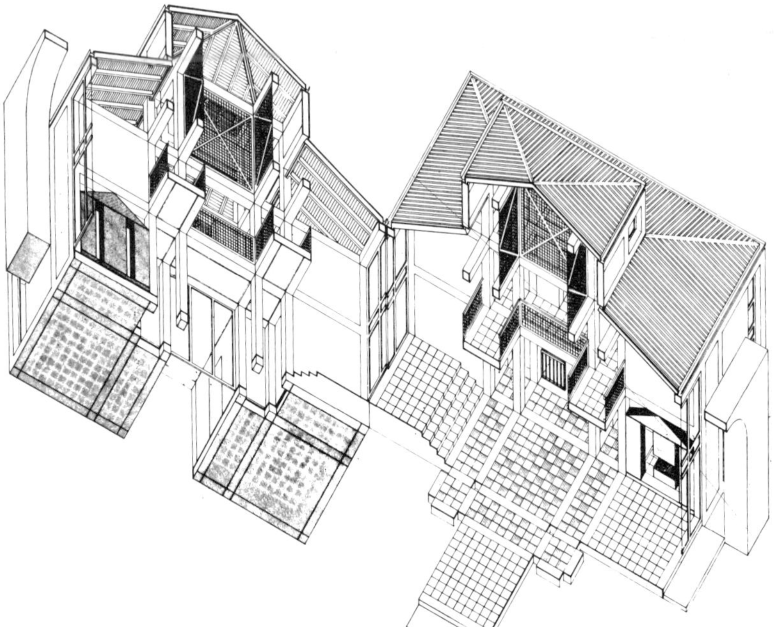

Haus Tonini, Torricella, Schweiz, 1972–74
Architekten: Bruno Reichlin und Fabio Reinhart

Andrea Palladio war ein zweitklassiger Architekt. Die Kultiviertheit der Elite fehlte ihm, er war ein pragmatischer Autodidakt. Als Verfasser der *Quattro Libri,* eines Handbuchs für Architekten voll abgedroschener Details, das dank des unkomplizierten Stils und einer Reihe praktikabler Theorien seit 1570 der »Neufert« für jedermann wurde, wurde er ein Bestsellerautor. Sein Einfluß war enorm und stand in keinem Verhältnis zu seinem tatsächlichen architektonischen Werk, das aus einer Fülle von aufgeputzten Landhäusern für großtuerische Landadlige, aus überdimensionierten öffentlichen Gebäuden in der Provinzstadt Vicenza und einigen eklektischen Kirchenbauten in Venedig besteht. Worin lag seine Wirkung? Er mied das Absolute und das Dogmatische und strebte nicht nach Brillanz durch Perfektion; statt dessen gab er einem Nebeneinander von Durchschnittlichem den Vorrang, wobei er übernommene Stilelemente mit Elementen der örtlichen Tradition mischte. Ziemlich leicht machte er es sich auch mit seinen mathematischen Proportionsspielen, die gerade damals eine beliebte Entwurfshilfe waren und den Architekten genau den richtigen »touch« verlieh, wenn sie bei den Progressiven »in« sein wollten. Palladios leicht verständliche Architektur wirkt allgemein ansprechend. Selbst schlechte Kopien oder Fehlinterpretationen seiner Arbeiten taten dem nie Abbruch, denn er selbst kopierte ja auch. Es ist ihm gelungen, das allgemeine Niveau der Architektur in einem nie wieder gekannten Maß anzuheben.

Das Haus Tonini von Reichlin und Reinhart purifiziert Palladio. Trotz der unverkennbaren Ähnlichkeit mit der Rotonda machen die Architekten geltend, daß es sich um eine Abstraktion handelt, daß der Grundriß sich auf die Palladianische Villa schlechthin bezieht. Aber ein purifizierter Palladio ist nun einmal kein Palladio mehr. Wie ist der Versuch zu bewerten, durch ein strikt intellektuelles Bemühen um eine formale Komposition heute ein erkennbares historisches Modell wiederaufleben zu lassen? Er ist Teil des Revivals des klassischen Formenvokabulars der Architektur, das sich aus zwei Quellen nährt, zum einen aus einer Überdrüssigkeit an der freien modernen Architektur, die der Tradition der gotischen Schule folgend die Form von der Funktion abhängig macht, und zum anderen aus dem Streben nach der Rückgewinnung einer populären Sprache, die das Unterschwellige der jeweiligen Situation signali-

1. Grundrisse, Dachaufsicht, Schnitte und Aufrisse.
2. Axonometrie.
3. Außenansicht.

siert. So kann man zum Beispiel das eigene Heim als das Zentrum des Universums sehen, den Eingang als Schwelle zwischen öffentlichem und privatem Bereich (wobei das Betreten eines Hauses eigenartigerweise immer größere Signifikanz zu haben scheint als das Verlassen), die Wände als Hülle, die einerseits zum Schutz, andererseits zur Repräsentation nach außen dienen. Auf dieses gänzlich unverfängliche Vokabular stoßen wir in der Alltagsarchitektur so häufig, daß es uns kaum noch bewußt wird. Durch die Aufwertung seiner ikonischen Bedeutung wird dieses Vokabular zum eigentlichen Ziel, so als ob die Bekanntgabe eines Ereignisses wichtiger wäre als das Ereignis selbst. In gewisser Weise ist es die Aufgabe des Poetischen, uns da zu sensibilisieren, wo wir nur ungenügend informiert sind, um unser Wahrnehmungsvermögen optimal zu steigern. Das Haus Tonini ist unter diesem Aspekt zu sehen – nicht als Vorbild. Wie bei Palladio handelt es sich um eine schlechte Kopie, diesmal ironischerweise um eine Kopie von Palladio selbst, und auf Umwegen offenbart es uns etwas an ihm, was wir sonst vielleicht nicht bemerkt hätten – die Unreinheit seines Stils.

4. Die Vierung.
5. Der Kamin.
6. Der offizielle Eingang.
7. Der Vierungsraum.

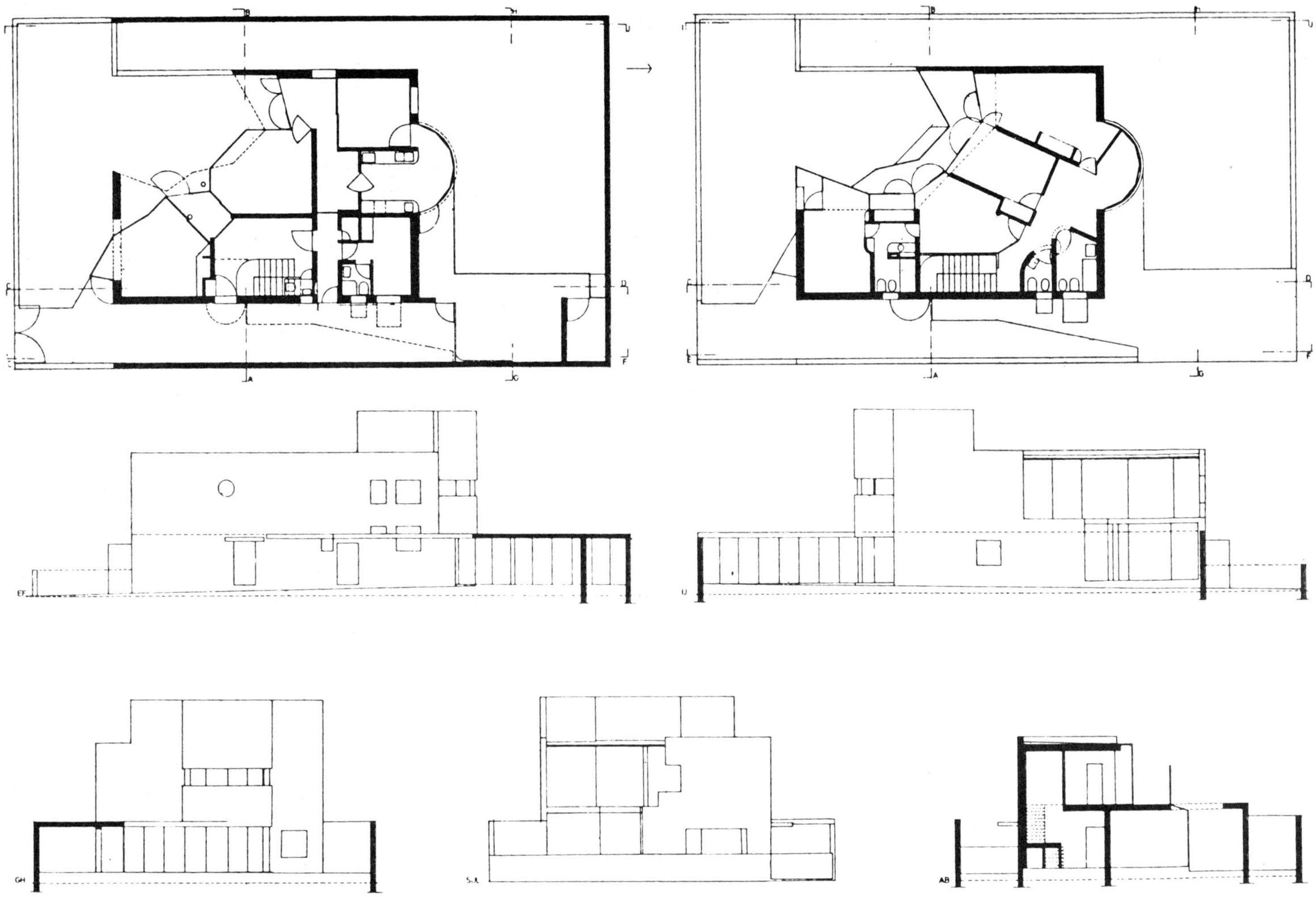

Haus Beires, Povoa, Portugal, 1975
Architekt: Alvaro Siza Vieira

»In einer Zeit, als kaum eines meiner Projekte gebaut wurde (wegen raketenartig ansteigender Baukosten), wurde ich gebeten, dieses Haus für ein Ehepaar auf einem kleinen, nichtssagenden Fleckchen Erde in der Nähe der Küste nördlich von Porto zu entwerfen.
Beim ersten, ernüchternden Besuch des Gebiets entstand die Vorskizze, die darauf abzielt, sich über die geschmacklose Umgebung des Grundstücks hinwegzusetzen. Man brauchte gar nicht erst den Versuch zu unternehmen, eine Idee auf der Basis der bestehenden Gebäude und eines eingezwängten Geländes mit unbrauchbaren Streifen übriggebliebenen Landes, bedingt durch die örtlichen Bebauungsvorschriften, zu entwickeln.
Das ansteigende Parallelepipedon, das aus einer Folge von Objekten besteht, ist an der südöstlichen Seite gebrochen. Aus diesem Bruch erhebt sich ein Spinnengewebe aus Glas und Holz – ein Resultat des Programms, das mir der Bauherr in Form eines (auf kariertem Papier gezeichneten) unmöglichen Hofhauses übergeben hatte.
Durch die Skizze schöpfte ich Hoffnung. Das Haus wurde seltsamerweise gebaut, und der Bauherr war zufrieden.«
Es ist schwierig, diesen ziemlich frei übersetzten Anmerkungen von Siza zu dem Haus Beires noch irgend etwas von Bedeutung hinzuzufügen. Sizas Worte vermitteln uns viel. Zunächst einmal, daß selbst in ungünstigen Zeiten der Architekt als Künstler seine kreative Entwicklung fortsetzt. Obwohl eine zeitliche Verbindung von politischen, sozialen und wirtschaftlichen Faktoren und der Architektur besteht, ist der Faden, der sie verbindet, dünner, als eine radikale Kritik annimmt. Viele der besten künstlerischen Schöpfungen sind in Zeiten sozialen oder persönlichen Drucks entstanden. Die Beharrlichkeit der menschlichen Bemühungen scheint mit der Herausforderung zu wachsen.
Zusätzlich zu der schlechten wirtschaftlichen Lage und dem ungünstigen Grundstück kam die Schwierigkeit, die Möglichkeiten des Ortes und des Programms zu ergründen. Hier wird der zweite Punkt von Sizas Anmerkungen berührt. Die Intimität des Hauses erforderte Schutzwände, um einen Wall gegen die ästhetische Feindseligkeit draußen zu schaffen. Die einzige Hoffnung zu überleben war, sich zu isolieren statt zu integrieren – das Haus als autonomes Objekt in seine Umgebung zu stellen, den bestehenden Zusammenhang also nicht zu imitieren oder zu akzeptieren, sondern eine starke dialektische Spannung zwischen dem Wunsch nach Privatsphäre und der öffentlichen Interpretation dieser Sache zu schaffen. Dies führte zu einer völlig transparenten Architektur, nicht im wörtlichen Sinn, obwohl Glas verwendet wurde, sondern im ethischen.
Obwohl Sizas Architektur einen unverkennbaren bildnerischen Ausdruck besitzt, der sich wie ein roter Faden durch alle Arbeiten zieht, womit diese als Kinder eines Autors erscheinen und ein gewisses autonomes Gepräge erhalten, entspricht jeder Bau spezifischen

1. Grundriß des Erdgeschosses.
2. Grundriß des Obergeschosses.
3. Aufrisse und Schnitt.
4. Gesamtansicht.

Nutzungsanforderungen und Geländesituationen. Die Bauherren wollten wegen der trostlosen Aussicht ein Hofhaus, und da Siza sah, daß dieser Wunsch nicht zu erfüllen war, schuf er einen mehrdeutig innerhalb und außerhalb der Südostecke liegenden Hof. Durch die zwingenden Geländebedingungen ergab sich ein Parallelepipedon, das aber gebrochen wurde, um den Hof unterbringen zu können. Die Ecke wirkt wie eine Ruine, die das Hausinnere in einem flatternden, über die Wände des Käfigs hinausdrängenden Energiefluß enthüllt, so als ob sich unser Hauskoffer geöffnet hätte und einige der Sachen und Utensilien zu Boden gefallen seien.

Aber eine solche poetische Vision von Sizas Arbeit, zu der dieser selbst ermutigt, sollte uns nicht davon abhalten, klar zu erkennen, worum es bei seiner Architektur geht. Sie ist extrem funktional, und alle Kurven und Winkel entsprechen einer vorgegebenen Situation. Siza arbeitet ganz im Rahmen der modernen Bewegung und verwendet alle Elemente ihres Vokabulars, indem er sie teilweise empirisch, teilweise in einer höheren geometrischen Anordnung zusammensetzt, um so innen das Ineinanderfließen des Raumes und außen das Erscheinungsbild des reinen Volumens zu erreichen. Die Abstrahierung der Architektur wird aufrechterhalten über das Eingehen auf die tatsächlichen Grundstücksgegebenheiten und die Nutzung hinweg und noch verstärkt durch deren Transformation in ein einzigartiges, kohärentes Objekt. Es versöhnt die Widersprüche der Grenzenlosigkeit des inneren Selbst und der Grenzenlosigkeit der äußeren Welt, zu der dieses Selbst gehört.

5. Blick von der Straße auf das Haus.
6. Der Wohnraum.

7. Die Verbindung zwischen Küche und Servicebereich.
8. Blick auf die Küche.

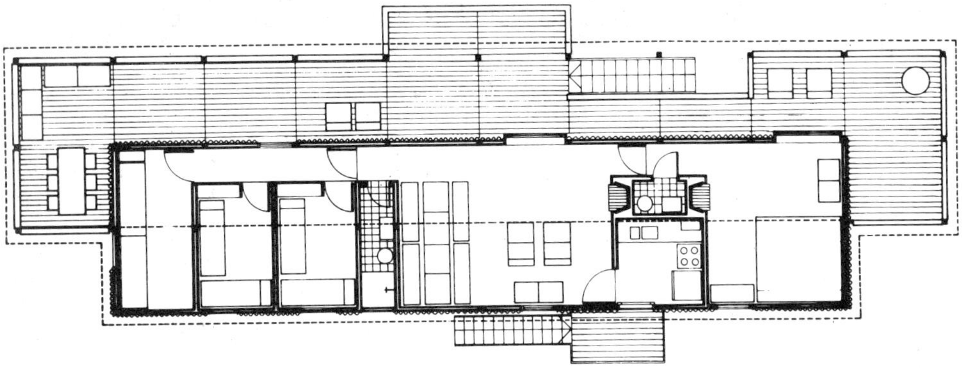

Haus Tigre, Buenos Aires, 1975
Architekt: Justo Solsona

Einer der wichtigsten Trends der im Wandel begriffenen Architektur der siebziger Jahre ist die Suche nach Einfachheit und die Rückkehr zu schlichten Baumaterialien und -techniken. Er ist Teil der allgemeinen Aversion gegenüber einer High-tech-Welt mit der begrenzten Vorstellungskraft eines Computers, die der natürlichen Überlebensfähigkeit des Menschen spottet. Die Rückkehr zum Gartenhaus, zum geneigten Dach und zu einer alltäglichen Architektur hat ihren Ursprung im London der Smithons mit seiner sozialen Alltäglichkeit und im »Main Street America« Venturis mit seiner kulturellen Alltäglichkeit. Amos Rapaport brachte mit dem Ende der sechziger Jahre erschienenen Buch *House Form and Culture* seine anthropologischen Studien über primitive und landesspezifische Gebäudetypen, welche an Klima, verfügbare Materialien und soziale Gebräuche bestens angepaßt sind, der westlichen Überflußgesellschaft zur Kenntnis. Aldo van Eyck ging persönlich nach Nordafrika, um in einer neuen Umgebung die Grundbedeutung von architektonischen Ausdrucksformen und ihren Zusammenhang mit menschlichen Verhaltensweisen kennenzulernen. Dies waren Fragen, die durch die wirtschaftliche Anarchie in der Bauindustrie sowie der öffentlichen und privaten Finanzierungsgesellschaften erstickt worden waren.
Das Haus Tigre von Solsona ist ein eindeutiges Bekenntnis zur klaren Form. Zwei schuppenartige Gebäudeteile befinden sich unter

1. Grundriß.
2. Eine der Schmalseiten.
3. Die weiß gestrichene Flußseite des Hauses.
4. Die grün gestrichene Gartenseite des Hauses.

einem Dach, einer geschlossen und grün gestrichen, der andere offen und weiß gestrichen, die miteinander in einer Synthese von innen und außen verbunden sind. Hier sind die typischen Elemente einer Flußuferarchitektur vertreten: die zwei übereinanderliegenden Galerien zum Fluß hin und das langgestreckte Haus mit dem Elternschlafraum am einen Ende, Kinder- und Gästezimmer am anderen Ende und einem Aufenthaltsraum dazwischen. Das Haus steht auf Pfählen, vergleichbar den französischen Kolonialhäusern entlang des Mississippi, und der Unterbau wird durch Holzroste geschützt, die entlang der Veranda bis in Balkonhöhe hochgezogen sind. Diese Beschreibung könnte vielleicht für alle Bootsschuppen an allen Flüssen zutreffen, aber wie Le Corbusier einmal sagte, sind es oft nur Zentimeter, die den Unterschied zwischen Gebäude und Architektur ausmachen. Die Eleganz, die dieses sehr einfache, mit Zinkblech verkleidete Wochenendhaus in Architektur verwandelt, ist zweifelsohne eine Frage der Proportionen – ein anderer Weg, mit Zentimetern zu arbeiten. Die Sorgfalt bei der Ausbildung der Fugen und das Vermeiden solcher Fugen, die das einfache Material überfordern würden, läßt die Konflikte und Widersprüche gar nicht erst aufkommen, die bei so vielen Architekten aus schöpferischen und intellektuellen Gründen auftreten.

5. Detailansicht zweier Fenster.
6. Die Galerie.
7. Blick vom Durchgang in den Elternschlafraum.
8. Blick vom Eßbereich in den Kinder- und Gästebereich.

Haus Ehrman, Armonk, New York, 1976

Architekten: Robert Stern und John Hagmann

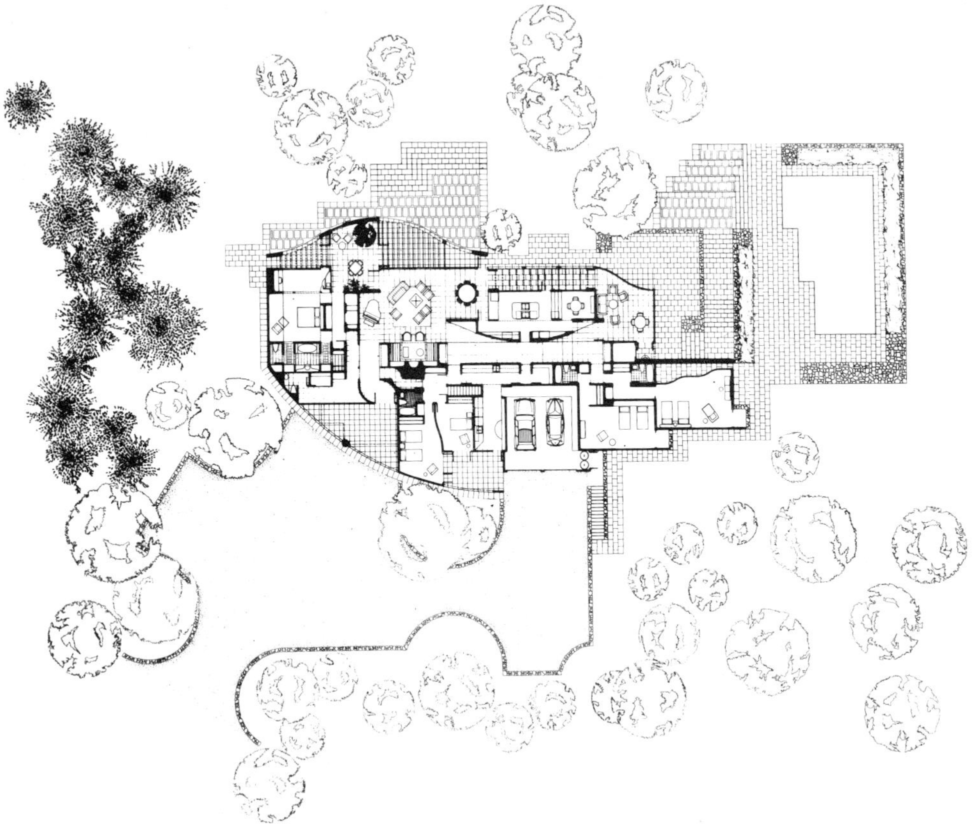

Eines der auffälligsten Merkmale der Architektur der siebziger Jahre ist das reichere Formenvokabular, das sie in das Repertoire der modernen Bewegung einbrachte, ein Vokabular, das in manchen Fällen bedenkenlos, in manchen nach gründlicher Erwägung verwendet wird. Diese Bereicherung der Ausdrucksformen spricht in erster Linie die esoterische Insidergruppe gut unterrichteter Architekturkritiker an, hat aber die für die Bauherren vermutlich erfreuliche Nebenwirkung, daß die Gebäude dadurch häufig eine gewisse pittoreske Note erhalten. Damit hat sich die moderne Architektur einer Art Sammelalben-Eklektizismus genähert, der zwar eine Reihe von untergeordneten Problemen brillant zu lösen vermochte, die Hauptaufgaben aber anderen überließ. Je mehr man versucht, den Rahmen der historischen und symbolischen Ausdrucksmittel in der Architektur zu erweitern, umso größer wird das Risiko. Diesen Preis muß die im Wandel begriffene Architektur jedoch bezahlen, weil ohne Experimente hier und dort keine Möglichkeit der Weiterentwicklung besteht. Was uns beunruhigt, ist die Gefahr, die ganz bewußte formale Anleihen bei historischen Vorbildern mit sich bringen. Für einen Architekten wie Robert Stern, dessen Interesse an der Architektur immer didaktischer Natur war und der sich nicht nur in Essays und Vorträgen, sondern auch in seinem Werk kritisch mit der Geschichte auseinandersetzt, ist es noch schwieriger, ein solches Risiko zu vermeiden, da sein formales Verständnis, das sich nach seinen eigenen Aussagen »auf die Kenntnis und Wertschätzung der Geschichte gründet, nicht auf eine genaue Reproduktion gerichtet ist«. Obwohl er sich der Gefahr bewußt ist, spielt er mit dem Feuer.

Das Haus Ehrman ist nicht leicht zu erfassen: Sobald man glaubt, aufgrund einer Assoziation eine Idee festhalten zu können, schwindet sie wieder. Wir nehmen zunächst eine Fassade wahr, dann tritt eine andere an ihre Stelle, und schließlich wird uns bewußt, daß wir eine ganze Reihe von Fassaden vor uns haben, von denen eine auf die andere folgt und die ineinanderschwingen und sich kurven, wobei die massiven Flächen das Äußere und die Hohlräume das Innere begrenzen. Im Inneren bestimmt der Gang, der in der Mitte hinter der Küche beginnt und zum Wohnraum und zur Sonnenterrasse führt, den Bewegungsablauf. Die geschwungene Achse, ein Kunstgriff von Lutyens, erweitert den Raum und lädt dazu ein, sich hindurchzubewegen; so wird man

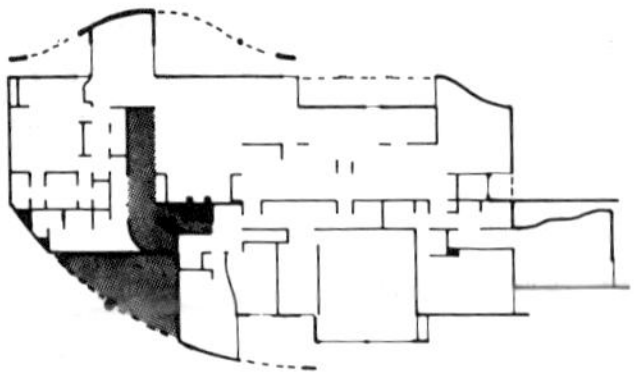

ENTRY

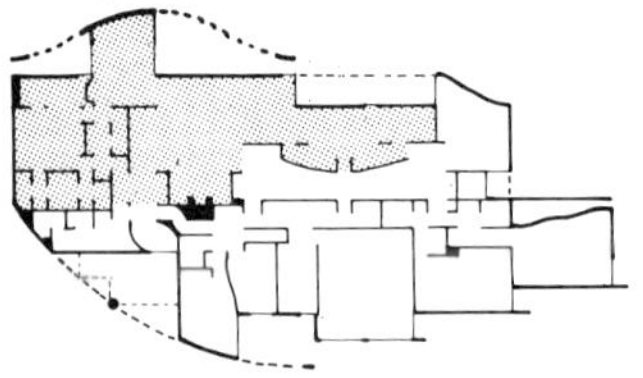

A HOUSE WITHIN A HOUSE

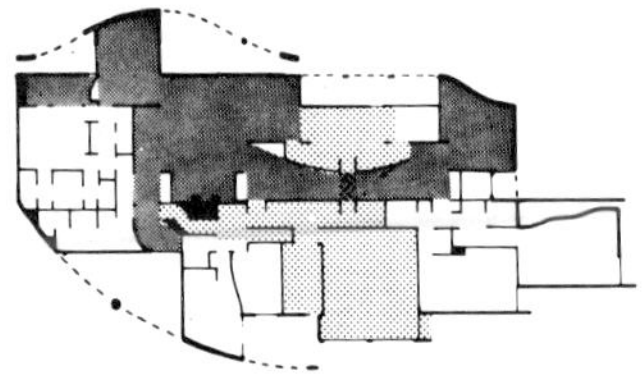

ACTIVE PASSIVE SERVICE

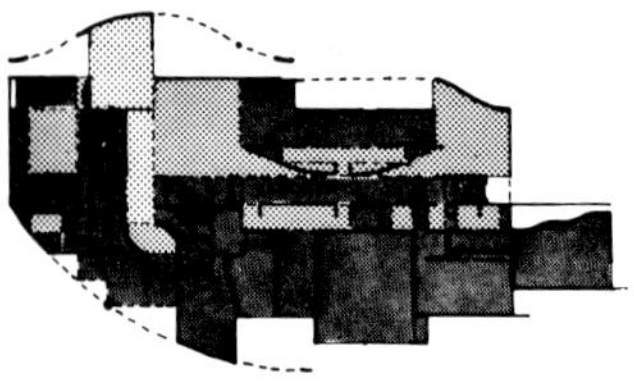

CEILING HEIGHTS: LOW MED. HIGH

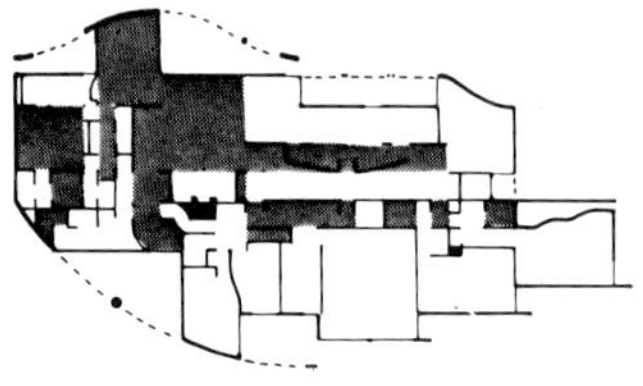

SPACES LIT FROM ABOVE

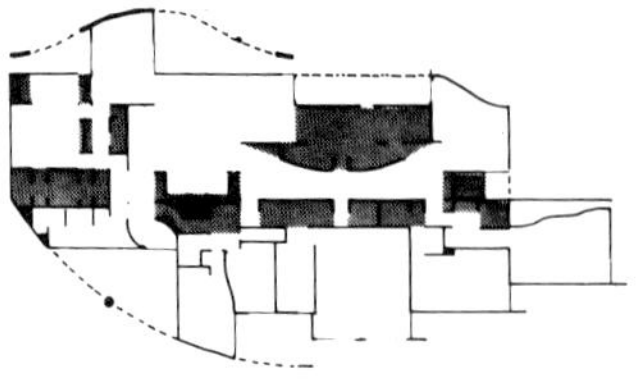

SPACES PERCEIVED AS SOLID

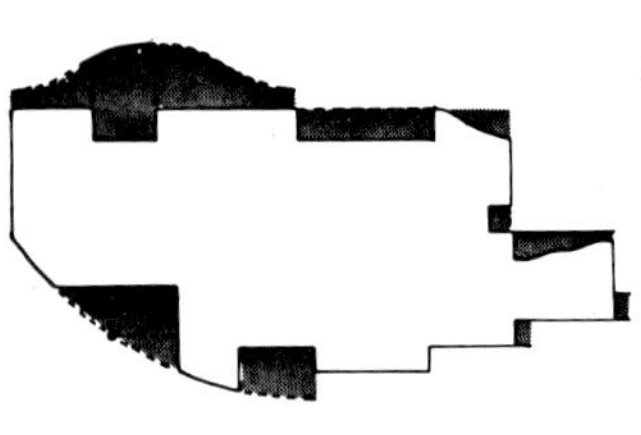

SEMIENCLOSED ZONES

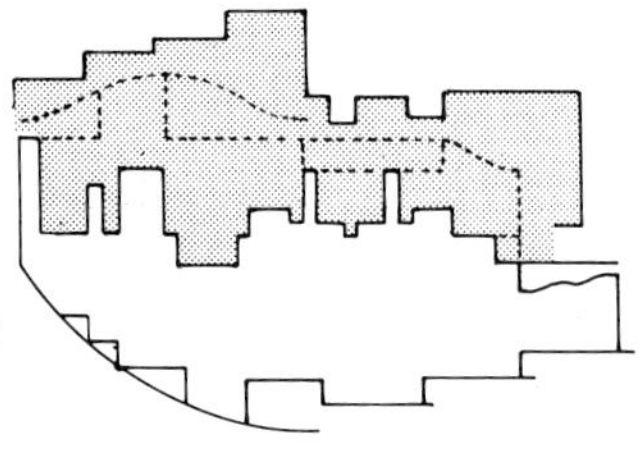

INSIDE/OUTSIDE

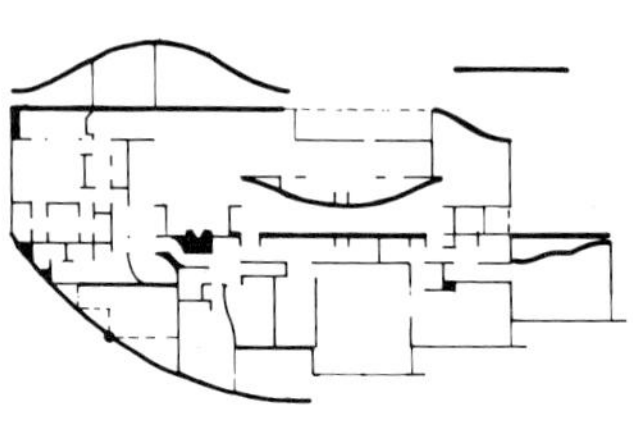

CURVE AGAINST STRAIGHT

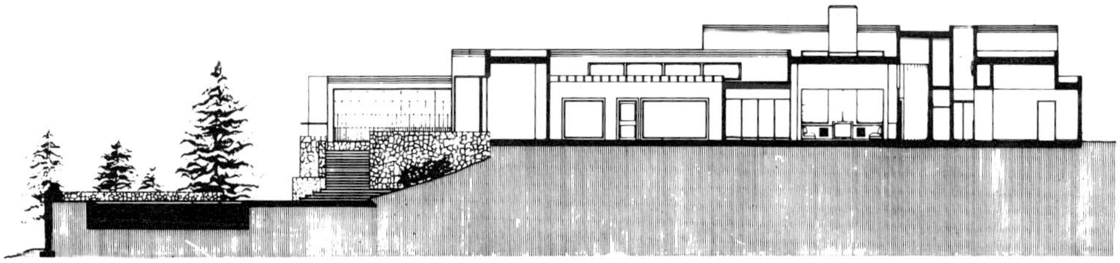

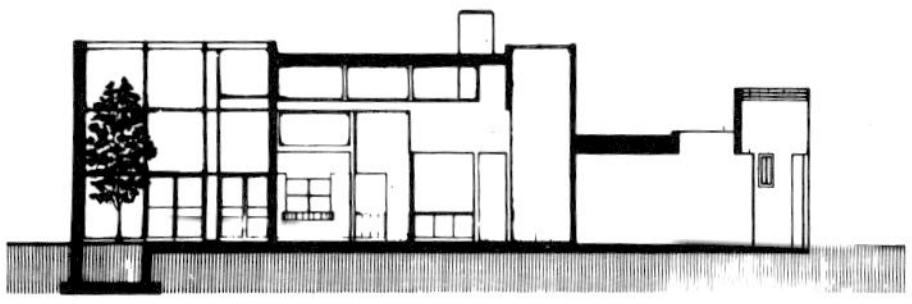

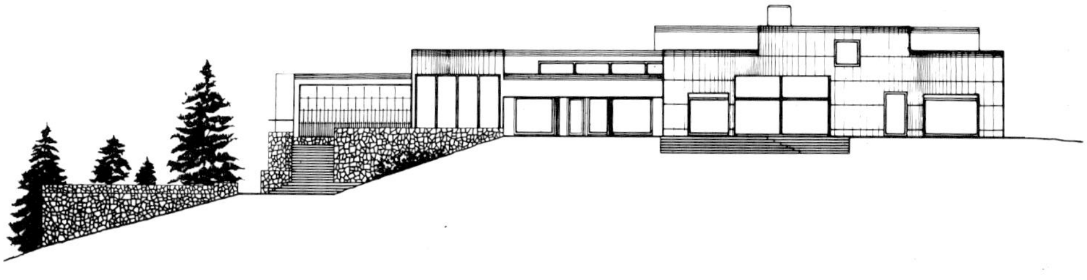

1. Grundriß.
2. Grundrißanalyse.
3. Die Südseite.
4. Schnitte.
5. Aufriß der Südseite.

dazu gebracht, sich etwas vorzustellen, was gar nicht vorhanden ist. Die geschwungene Achse und der labyrinthische Grundriß, zu dem sich ein Spiel mit den Raumhöhen und der Lichtführung gesellt, verleihen dem Inneren eine gewisse Romantik. Eine Romantik, die nicht aus der Natur, sondern aus der Vergangenheit schöpft und die, wie ihr Vorbild, das Unerwartete, Zufällige schätzt und so eine ganz eigene pittoreske Note erhält. Latent war diese Tendenz in der modernen Architektur immer vorhanden, so sehr die Architekten das auch bestreiten mögen. Stern hat sich zum Nutzen aller offen dazu bekannt.

6. Das gekurvte Fenster gegenüber der Abschirmung der Schwimmbadterrasse.
7. Blick von Südwesten auf das Haus. Im Vordergrund die Schwimmbadterrasse.
8. Der Wohnraum mit Blick auf den Hof und den Garten im Süden.

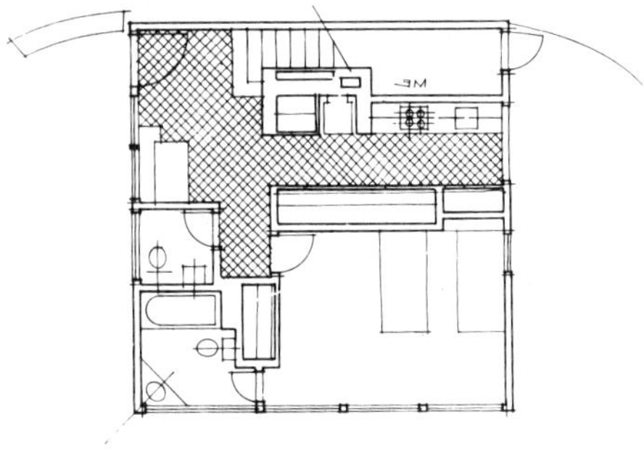

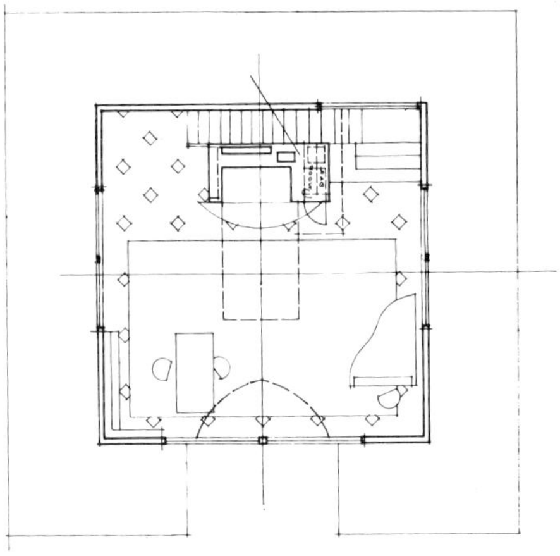

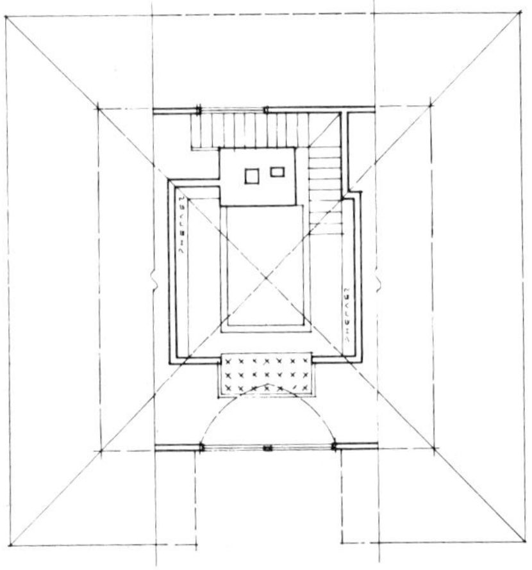

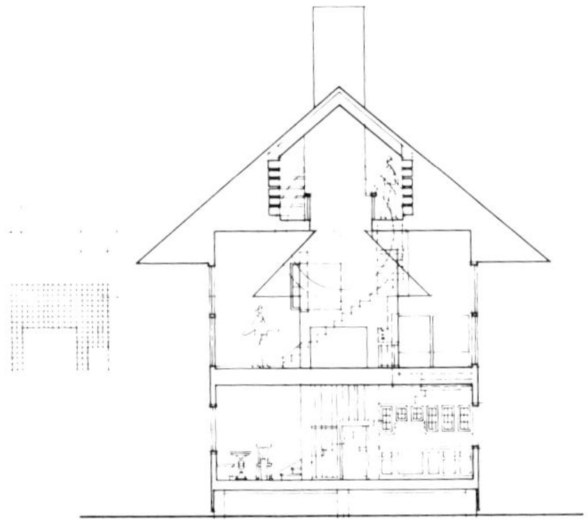

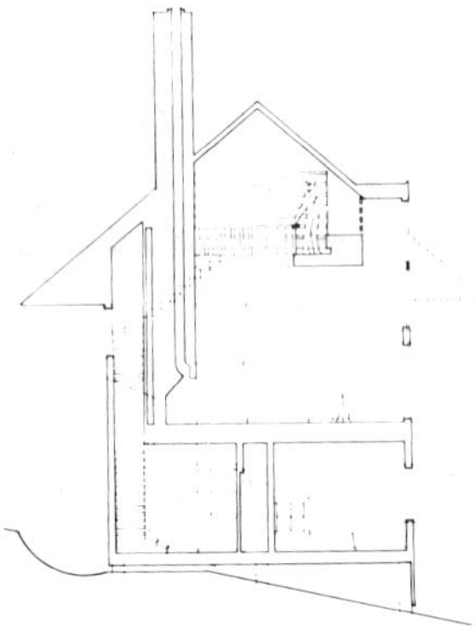

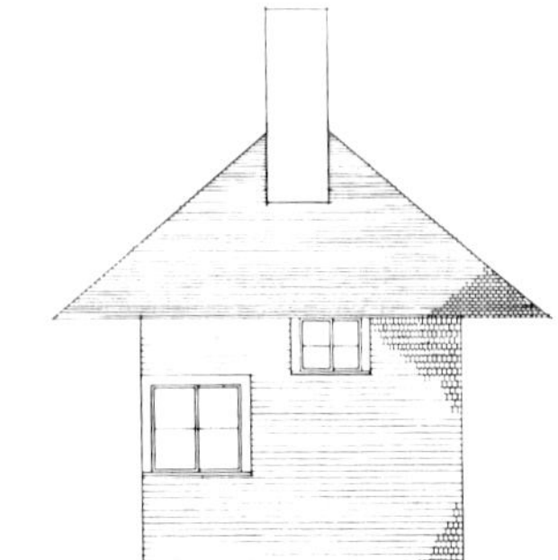

1. Grundriß des Erdgeschosses.
2. Grundriß des 1. Obergeschosses mit dem Wohnraum.
3. Grundriß des Galeriegeschosses.
4. Schnitt mit Blick auf den Kamin.
5. Schnitt mit Schnittlinie durch den Kamin.
6. Aufriß der Hauptseite.
7. Aufriß der Eingangsseite.
8. Aufriß der Rückseite.
9. Gesamtansicht.

Haus Carl Tucker III, Katonah, New York, 1974/75
Architekten: Venturi and Rauch

Die Architektur des Büros Venturi and Rauch unterscheidet sich von der übrigen amerikanischen Architektur im wesentlichen durch ihre Freizügigkeit. Die Bauten wirken locker und ungezwungen und erscheinen paradoxerweise so, als seien sie poetisch aus den jeweiligen Umständen heraus entstanden und nicht aufgrund einer vorgefaßten Theorie. Paradoxerweise deshalb, weil das Team mit seinen architekturtheoretischen Schriften den Geschmack der siebziger Jahre vermutlich nachhaltiger beeinflußt hat als jeder andere. Eine arglose Wiederentdeckung der Geschichte ging hier eine Verbindung ein mit einem Bestaunen der Pop-Kultur der Main Street, mit einer Intellektualisierung des Alltäglichen. Durch Venturi and Rauch wurde die heutige amerikanische Realität in die Architektur eingebracht, so daß man zum ersten Mal seit Frank Lloyd Wright wieder von einer eigenständigen Architektur in den Vereinigten Staaten sprechen kann. Dabei erfolgte jedoch eine so intensive und einfühlsame Auseinandersetzung mit der europäischen Geschichte, daß selbst Europäer sich wieder auf ihre Vergangenheit zu besinnen begannen. Es wurde mit der Konvention gebrochen und der Tradition wieder ihr Platz in der Main Street eingeräumt.

»Lieber Freund,
ich sehe mein Haus wie ein Bild meiner selbst: das Äußere ist schlicht, unauffällig, der normale Passant macht sich nicht die Mühe, anzuhalten und es eingehender zu betrachten. Diese Einfachheit trügt jedoch. Bei genauerem Hinsehen erkennt man, daß sich hinter der scheinbaren Schlichtheit Originalität verbirgt (gleichzeitig aber auch die typischen Begleiterscheinungen des 20. Jahrhunderts, Ironie, Beklemmung, Einfallsreichtum, ein Streben nach monumentaler Sicherheit und das Be-

wußtsein, daß eine solche Sicherheit von jeher ein Luftschloß war und auch bleibt – eine große Illusion). Der Zugang zum Haus ist nicht einfach. Das Haus drängt sich nicht auf. Obgleich ihm Besucher willkommen sind, müssen diese erst über einen sich hangaufwärts durch den Wald schlängelnden Weg zum Haus hinaufsteigen, an dem sich hinter jeder Biegung eine Überraschung verbergen kann und an dessen Ende sie schließlich, wie zufällig, auf die Eingangstür stoßen.

Das Innere ist überwältigend geräumig und großzügig. Es ist voller Licht, das zum Teil durch hochliegende Fenster dringt, die (wie die Obergaden in einer Kathedrale) keinen Ausblick erlauben. Eine Vielzahl von Fenstern in Augenhöhe stellt jedoch die Verbindung zwischen dem Haus und der Umgebung her. Die Fenster gleichen Bildern. Vier alte Meister, drei Ahnengemälde, eine Anzahl kleinerer Formate wie illuminierte Handschriften, moderne Radierungen, ein Rettungsring einer alten Jacht, ein eindrucksvolles Porträt von George Washington und vereinzelte Schnitzarbeiten sind die Fenster, durch die die Verschmelzung der unterschiedlichen Kultureinflüsse zu erkennen ist, die diesen Ort, diesen Moment geprägt haben. Nach dem ersten Schock über die unerwartete Großzügigkeit des Raumes erweist sich dieser als relativ einfach, unkompliziert und angenehm. Das Haus ist *kein* Museum, es ist mein Heim...«

Dieser »Brief des Bauherrn« erweckt den Eindruck, als sei das Haus ganz alltäglich, wenn man von der »überwältigenden Geräumigkeit und Großzügigkeit« des Inneren absieht. Der Geist von Lutyens umweht uns wieder, was jedoch früher Beiwerk war, sind nun die Hauptakzente. Das mit wirkungsvoller, kluger Unschuld gehandhabte Spiel mit der Größe, die überstehenden Dachtraufen, das rosettenförmige Fenster, die Bibliothek in der Dachgalerie, die sich zum darunterliegenden, die ganze Ebene einnehmenden Wohnraum öffnet, der riesige Kamin, der wie ein eigener Raum im Raum wirkt... all dies zeugt von einer mit Kultur und Esprit gepaarten Könnerschaft und vermittelt ein räumliches Behagen und eine räumliche Kohärenz, die in die moderne Architektur die Freiheit des Humanismus einbringt. Gewiß gibt es verschiedene Wege, um dies zu erreichen, aber der Weg von Venturi and Rauch ist der für die Vereinigten Staaten gültige.

10. Der Wohnraum.
11. Das Vestibül mit der Treppe.
12. Die Kaminwand.

Bibliographie

Benevolo, Leonardo, *Geschichte der Architektur des 19. und 20. Jahrhunderts,* Verlag Georg D. W. Callwey, München, 1964.

Brandon-Jones, John, und andere, *C. F. A. Voysey, Architect and Designer, 1857–1941,* Lund Humphries, London, 1978.

Clark, Robert Judson, »J. M. Olbrich 1867 bis 1908«, *Architectural Design* (London), Dezember 1967.

Coffin, David R., *The Villa in the Life of Renaissance Rome,* Princeton University Press, Princeton, New Jersey, 1979.

Cook, Olive, *The English Country House,* Thames and Hudson, London, 1974.

Davey, Peter, *Arts and Crafts Architecture,* The Architectural Press, London, 1980.

Girouard, Mark, *Life in the English Country House,* Yale University Press, New Haven, Connecticut, 1978.

Hitchcock, Henry-Russell, *Architecture: Nineteenth and Twentieth Centuries,* Penguin Books, Harmondsworth, Middlesex, 1958.

Howarth, Thomas, *Charles Rennie Mackintosh and the Modern Movement,* Routledge and Kegan Paul Ltd., London, 1952.

Inskip, Peter, *Edwin Lutyens,* Academy Editions, London, 1979 *(Architectural Monographs,* 6).

Joedicke, Jürgen, *Geschichte der modernen Architektur,* Verlag Gerd Hatje, Stuttgart, 1958.

Lloyd, Nathaniel, *History of the English House,* The Architectural Press, London, 1975.

Martinell, César, *Gaudí, su vida, su teoría, su obra,* Colegio de Arquitectos de Cataluña y Baleares, Comisión de Cultura, Barcelona, 1967.

Muthesius, Hermann, *Das englische Haus,* Ernst Wasmuth, Berlin, 1904/05.

Ponente, Nello, *Estructuras del Mundo Moderno,* Carrogio S. A. de Ediciones, Barcelona, 1965.

G. Rietveld architect, Ausstellungskatalog, Stedelijk Museum, Amsterdam, 1971, und The Arts Council of Great Britain, Hayward Gallery, London, 1972.

Roth, Leland M., *A Concise History of American Architecture,* Harper & Row, New York, 1979.

Smith, Norris K., *Frank Lloyd Wright, A Study in Architectural Content,* The American Life Foundation, New York, 1979.

Tarrus Galter, Joan, *Rafael Masó,* Colegio de Arquitectos de Cataluña y Baleares, Barcelona, 1971.

Nachweis der Abbildungen in der Einführung

Die Zahlen verweisen auf die Abbildungsnummern

Aalto, Alvar, Verlag für Architektur, Zürich: 58, 59.

Arquitecturas bis (Barcelona), Nr. 16: 48, 51.

Benevolo, Leonardo, *Historia de la Arquitectura Moderna,* Editorial Gustavo Gili, S. A., Barcelona: 39, 40, 49, 53, 54, 55, 56.

Benton, Tim, *Art Nouveau,* The Open University Press, Milton Keynes, England: 13, 14, 25, 26, 27.

Blaser, Werner, *Mies van der Rohe,* Editorial Gustavo Gili, S. A., Barcelona: 64.

Brandon-Jones, John, und andere, *C. F. A. Voysey, Architect and Designer, 1857–1941,* Lund Humphries, London: 15.

Casabella (Mailand), Nr. 480: 48.

Cook, Olive, *The English Country House,* Thames and Hudson, London: 7.

Davey, Peter, *Arts and Crafts Architecture,* The Architectural Press, London: 10, 18, 19, 33.

Staatsarchiv in Florenz: 2.

Frampton, Kenneth, *Historia crítica de la arquitectura moderna,* Editorial Gustavo Gili, S. A., Barcelona, 1980: 16, 17, 44, 45.

Freixa, Jaume, *Josep Lluís Sert,* Editorial Gustavo Gili, S. A., Barcelona: 70.

Giurgola, Romaldo und Jaimini, Mehta, *Louis I. Kahn,* Editorial Gustavo Gili, S. A., Barcelona: 71, 72.

Hines, Thomas, *Richard Neutra and the Search for Modern Architecture,* The Museum of Modern Art, New York: 46, 62, 63.

Hitchcock, Henry-Russell, *Architecture: Nineteenth and Twentieth Centuries,* Penguin Books, Harmondsworth, Middlesex: 37, 38, 41, 42.

Howarth, Thomas, *Charles Rennie Mackintosh and the Modern Movement,* Routledge and Kegan Paul Ltd., London: 28.

Joedicke, Jürgen, *A History of Modern Architecture,* The Architectural Press, London: 43, 52.

Philip Johnson, Editorial Gustavo Gili, S. A., Barcelona: 66, 67.

Le Corbusier, Editorial Gustavo Gili, S. A., Barcelona: 68, 69.

Lloyd, Nathaniel, *History of the English House,* The Architectural Press, London: 3, 4, 5, 6.

Mackintosh School of Architecture, Glasgow: 29, 30.

Martinell, César, *Gaudí,* Colegio de Arquitectos de Cataluña y Baleares, Comisión de Cultura, Barcelona: 11, 12, 35, 36.

Miller, John, *10 Houses,* Arts Council of Great Britain, London: 32, 57.

Muthesius, Hermann, *Das englische Haus,* Ernst Wasmuth, Berlin: 8, 9, 20, 21, 22, 23.

Ponente, Nello, *Estructuras del Mundo Moderno,* Carroggio S. A. de Ediciones, Barcelona: 24, 31.

Ramis, Tono: 34.

Sharp, Dennis, *Historia en imágenes de la arquitectura del siglo XX,* Editorial Gustavo Gili, S. A., Barcelona: 50, 75.

Smith, Norris K., *Frank Lloyd Wright,* The American Life Foundation, New York: 60.

Venturi R., *Complejidad y contradicción en la arquitectura,* Editorial Gustavo Gili, S. A., Barcelona, 1978: 73, 74.

Vitruvius, *The Ten Books on Architecture,* Dover Publications, New York: 1.

Photographen der im Beispielteil gezeigten Häuser

Arai, Masao: Toyo Ito.
The Architectural Review: Colquhoun and Miller.
Bernart, Thomas: Robert Venturi.
Camera Craft: Colquhoun and Miller.
Català-Roca, Francesc: Alvaro Siza Vieira.
De Benedetti, Carla: Gregotti Associati.
ESTO Photographics Inc.: Richard Meier and Associates.
Gruber, Renate: Ante Josip von Kostelac.
Helfenstein, Heinrich: Bruno Reichlin und Fabio Reinhart.
Heuval, I. van: Aldo van Eyck.
Hunt, Pat: Colquhoun and Miller.
Ohashi, Tomio: Kisho Kurokawa.
Payne, Richard: Gwathmey Siegel Architects.
Proto Acme Photo: Michael Graves.
Rista, Simo: Timo Penttilä und Heikki Saarela-Lind.
Street-Porter, Tim: Moore/Ruble/Yudell.
Vergarno, Serena: Ricardo Bofill mit Taller de Arquitectura.
Yamada, Shuji: Arata Isozaki.
Zanetta, Alo: Mario Botta.